芽吹きました

下ネタ論

紺野ぶるま

竹書房

芸人とかけまして
ちんこと解きます

その心はどちらも
噛むと怒られるでしょう

アナタはどのタイプ？人間性から診る下ネタ適性診断！

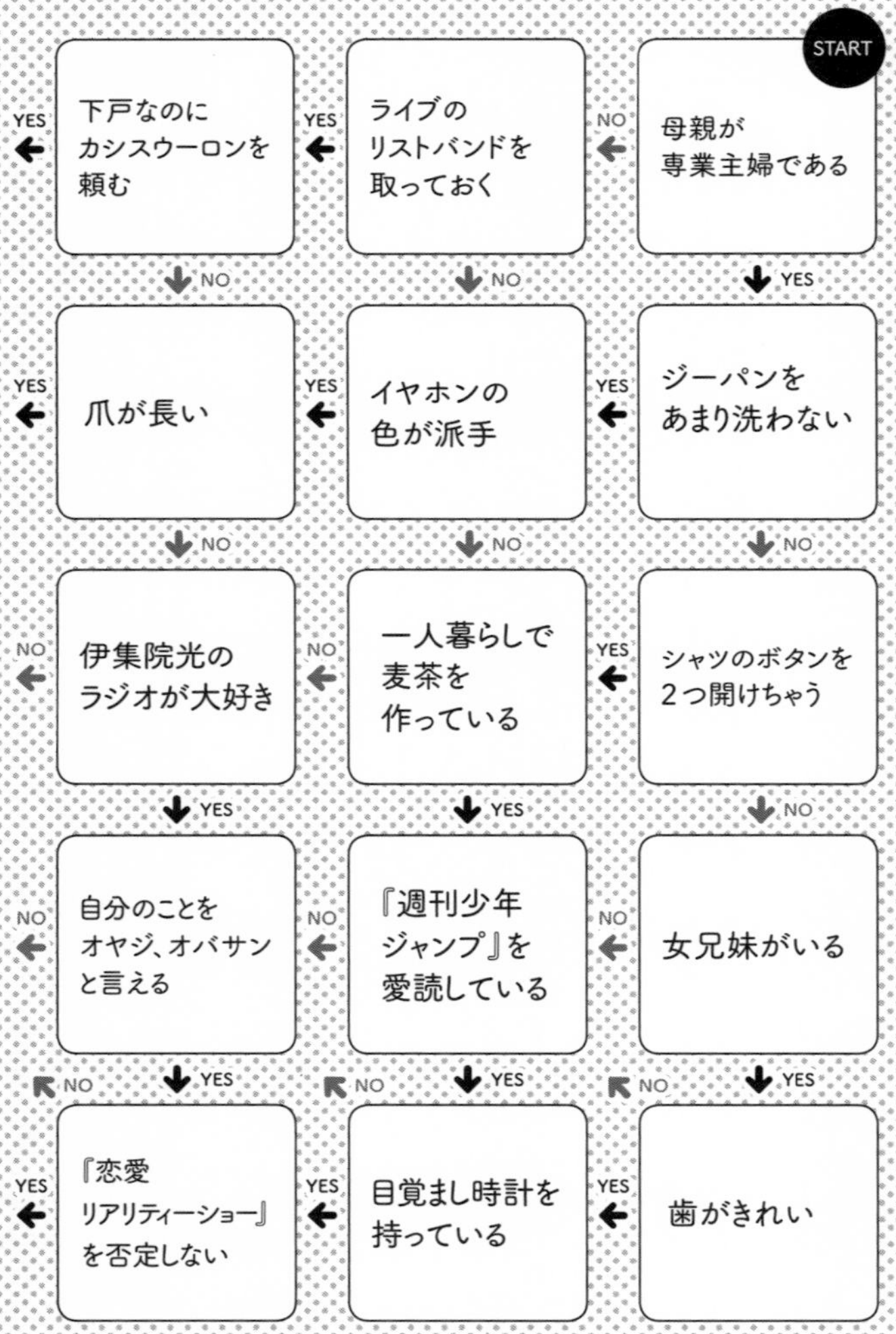
START
母親が専業主婦である
ライブのリストバンドを取っておく
下戸なのにカシスウーロンを頼む
ジーパンをあまり洗わない
イヤホンの色が派手
爪が長い
シャツのボタンを2つ開けちゃう
一人暮らしで麦茶を作っている
伊集院光のラジオが大好き
女兄妹がいる
『週刊少年ジャンプ』を愛読している
自分のことをオヤジ、オバサンと言える
歯がきれい
目覚まし時計を持っている
『恋愛リアリティーショー』を否定しない
YES
NO

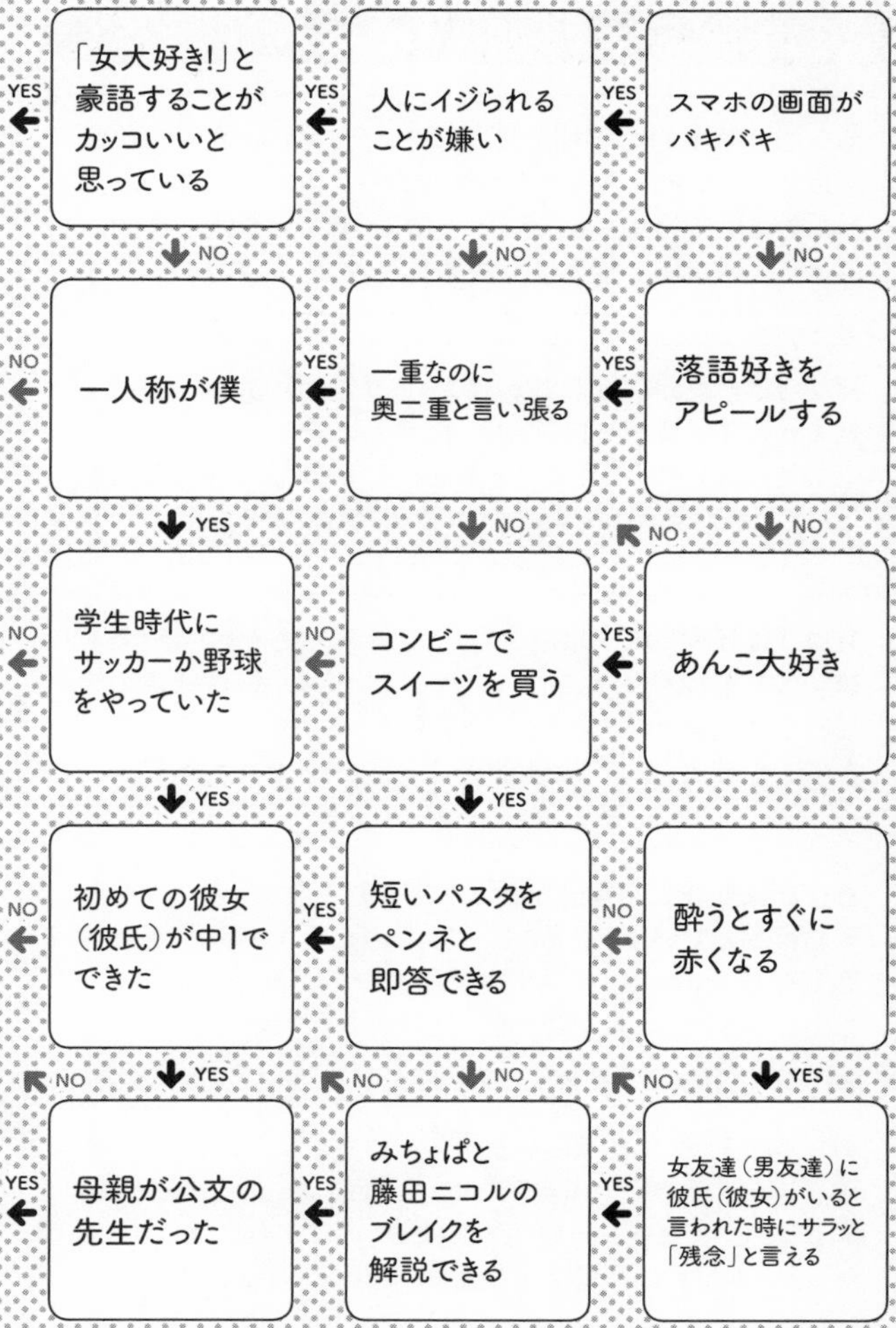
スマホの画面がバキバキ
人にイジられることが嫌い
「女大好き!」と豪語することがカッコいいと思っている
落語好きをアピールする
一重なのに奥二重と言い張る
一人称が僕
あんこ大好き
コンビニでスイーツを買う
学生時代にサッカーか野球をやっていた
酔うとすぐに赤くなる
短いパスタをペンネと即答できる
初めての彼女(彼氏)が中1でできた
女友達(男友達)に彼氏(彼女)がいると言われた時にサラッと「残念」と言える
みちょぱと藤田ニコルのブレイクを解説できる
母親が公文の先生だった
YES
NO

あなたの下ネタ適性度

0%

あなたは基本的に異性を見下していて、とてもプライドが高いため、「茄子」と発しただけでセクハラになってしまいます。どんな場所や相手でも、下ネタを口にしないほうがいいでしょう。発言する前に、相手に不快感を与えないか考えましょう。

25%

あなたは自分が人から好かれるタイプだと思っているかもしれませんが、意外と自己中心的で人の意見に耳を傾けないのではないでしょうか。下ネタを言う前に、身なりを清潔にして、顔が勃起していないか客観視してみましょう。

50%

あなたは社交的で、職場や学校では気を使えますが、気を抜いてしまうと思わぬ失言をしてしまいます。特に飲みの場などでは注意が必要です。納豆巻き、もずく、とろろを食べる際に音を立てすぎる所も改善するべきかもしれません。

75%

あなたは普段から自分が他人にどう見られているのかを考えて行動しています。また、お笑いのセンスもあり、場の雰囲気を読むのに長けています。それだけに自分の下ネタがウケていると自惚れないように注意してください。

100%

縫い物が得意なお母さんの元で育ったあなたは、誰からも愛される屈託のないキャラクターで、自然と相手の気持ちを慮ることもできます。同性、異性に関わらず、あなたが清々しく下ネタを言えば感動すら与えることができるでしょう。

はじめに

この度はこの本を手に取って頂き誠にありがとうございます。

私は現在、芸歴10年目のピン芸人です。そんな私には特技があって、ずばり、どんなお題を出されてもすべてちんこで謎かけを解くことです。

その作品たちは本編でご紹介しますが、このネタで深夜番組などに出演させて頂いたり、昼間のボートレース場の営業や、建設会社の忘年会の余興などで各地方をまわらせて頂いてます。

本当にちんこ一本とはこのこと、ありがたい限りです。

自分自身にキャッチフレーズをつけるのであれば、「ちんこと寝た女」といったところでしょうか。

どうしても死ぬまでに「ちんこ謎かけ」の本を出したいと願うようになったのは、ユーチューブが以前より注目され、ＳＮＳのフォロワー数が仕事に関係するようになった数年前からです。

再生数や拡散率が大きくなるほど嬉しい反面、情報のアップデートの速さに困惑してました。おそらく50年後には検索しても私の動画や仕事痕跡は埋もれて出てこない気がしたのです。

そして自分含め、「ちんこ謎かけ」を知ってくださってる方たちが100年後には全員死ぬわけで、自分がちんこで解いていたことも完全になかったことになる。

想像したら内臓をえぐられるような虚無感がありました。

それと同時に、まだまだ売れていない自分でも「残したいと思えるネタ」が出来たことに喜びを感じ、自分の人生が少しだけ誇らしくなったんです。

ちんこ謎かけは、お金もかからない、かつ、誰でも楽しめる大人の言葉遊びです。時代を飛び越えてきっとみんなに愛されるものだと自信があります。

「私が未来の人たちにちんこ謎かけを届けてみせる！」

と地球防衛隊のように勝手に使命を背負いました。

「それには紙で残すしかない」と書籍化の目標を掲げたというわけです。

いざ書き終える頃には、恐らく書物史上一番「ちんこ」と記されているはずです。

この本では、そんな年間「ちんこ」消費量（違う意味合いに聞こえる……）No.1を自負する私が、日頃下ネタを言うにあたって考えていること、あんまり人に話してないこと、恥ずかしい話、情けない話を丸裸にして綴っています。表紙の写真はそういう「赤裸々」加減にぴったりです。

もし、いい感じのエロ話や、暴露体験などを期待してくださってる方には、ごめんとしか言いようがありません。まったく出てこないので。これでもかというくらいプレーンに真面目に仕上がっていて、「下ネタを言う女ほどエロくない」の証明みたいな内容かもしれません。いや、それなりにエロいんですけど。

目次

第2章 ちんこ謎かけが生まれた日

第3章　下ネタに対する細部のこだわり

第4章 ちんこ謎かけの作り方と使い方

第5章 日常生活における下ネタ

第1章

下ネタとは高尚な芸である

紺野ぶるまがたどり着いた下ネタのあるべき姿

まだほんの少しですが、私が以前よりも皆さんの目に止まるようになったのは、どんなお題でも「ちんこ」で解くという「ちんこ謎かけ」がきっかけだったと思います。

ハンガーとかけまして
ちんこと解きます
その心は
どちらも〝かけるでしょう〟

初めて舞台上で披露したときはまだ、人前で「ちんこ」と言うことに罪の意識を持っていました。

それでも謎かけのお題として出された「ハンガー」をどうしてもちんこ以外で解くことが出来ず、「ごめんなさい」と謝ってから披露したのを憶えています。

しかしその後ろめたさと反比例するように、客席からは笑い声と拍手が送られ、ちんこだけにスタンディングオベーションが起きたのです。

ちんこ謎かけ誕生の瞬間です。

後にこれが、それまで仕事がゼロだった私にテレビや舞台、イベントなどのお仕事を増やしてくれるラッキーコンテンツになるのです。

同時に、今まで深く考えてこなかった下ネタと向き合うきっかけにもなりました。

そして、芸人として下ネタと真剣に向き合ったとき、私の中に出た答えはこれでした。

「下ネタだからこそ芸として昇華しなければならない」

今、下ネタはテレビなどでは規制されている時代です。昔よりもずっと厳しくなりました。

もちろん、安易に、雑に、下ネタを扱うのであればそうされて当然です。

しかし、芸として高尚なものであれば、他のネタと並んでもなんら引けを取らないものだと考えています。

老若男女が笑える下ネタという点に関しては、私もまだまだ模索中の段階ではありますが、幾度となく私に感動と奇跡を与えてくれた日本語と下ネタが放つ相性のよさ、そしてそこから生まれた「ちんこ謎かけ」というものを後世に引き継いでいきたいと思っています。

私は本気です。下ネタを操る名だたる師匠たちの存在を知りながらも、私もそのお手伝いをしなければと、使命感すら持っています。

そのために、私が考える下ネタ論を皆さんにお伝えして、下ネタが好きな方はもっと好きになって頂いて、苦手な方は、その意識が少しでも軽減されるきっかけになったら幸いです。

古くから親しまれてきた下ネタという文化

謎かけの勉強をするために国会図書館を訪れたことがあります。謎かけ自体、かなり古くから愛されていた言葉遊びなのですが、調べていくとその古い歴史の中に、ちんこで解いていた記録がいくつも残されていて衝撃を受けました。自分よりもずっと前にこの奇跡は発掘されていたのかと感動すら覚えたのです。それも「鼻毛とかけまして、馬くらい大きなちんこと解きます。その心はどちらも、抜くたび涙が出るでしょう」のようなパンチの効いた謎かけを上品な尼さんが作っていたりするんです。

ブラボーですよね。そのとき、自分が書いた「ちんこ謎かけ」の本も国会図書館に置いてもらうという新たな目標ができました。何百年後かに、また誰かがちんこ謎かけを始め、魅了されるも周りからは「下品、低俗」と言われて肩を落としたとします。しかし、訪れた国会図書館でこの本を読んで「これはこんなに歴史あるものだったのか」と時空を超えて背中を押す！　という妄想が止まらなかったのです。

さらに下ネタ自体のルーツを調べていくと、それもまた歴史あるものでした。それは江戸時代初頭まで遡ります。説教に笑い話を織り交ぜていた僧侶の安楽庵策伝（あんらくあんさくでん）が残したの笑話集『醒睡笑（せいすいしょう）』の中には性にまつわる笑話が多数収められていています。この『醒睡笑』は、小咄（今でいうすべらない話)をするときに参考にされ、落語の原点にもなりました。

落語の世界では、艶笑的なものを「バレネタ」と呼び、粋なものとして捉えていました。また排泄物などで笑いを取る子供じみたものを「下ネタ」と呼び、低俗なものとしあまり愛されず区別されていました。

遊女が一夜に複数の客を相手にする『五人回し』や、浮気性の人妻に翻弄される男性を描いた『紙入れ』などの「バレネタ」落語53演目が、第二次世界大戦中時局的に自粛となります。しかし、戦後昭和21年9月30日(私の誕生日です)に開催された『禁演落語復活祭』で自粛は解除され、再び「バレネタ」を楽しめるようになりました。

その後、落語の枠を飛び越えラジオやテレビと一般化されやことで「バレネタ」と「下ネタ」の境界線は曖昧なものになり、今では総じて「下ネタ」と呼ぶようになりました。

また日本の古典文学にも性をテーマにした作品は幾つもあります。『万葉集』や、『古今和歌集』には、性をテーマに詠んだ和歌が多数収録されていますし、歌舞伎のルーツは安土桃山時代の女性芸能者・出雲阿国が創始した「かぶき踊り」と言われ、その内容は遊女と男性客との茶屋遊びというエロティックさを含んだもの。浮世絵の原点とも言われる菱川師宣は、生涯に残した作品の3分の1が春画と言われています。春画は浮世絵の一大ジャンルとして世界的にも有名です。春画は過激な性描写の中に笑いの要素を取り入れた作品が多く、下ネタに通じる部分もあります。江戸時代後期に流行した読み物の中には下ネタが含まれた作品が多く、男色、夜這いなどの話が度々登場します。

こうして歴史を振り返ってみると、下ネタは日本の伝統芸能といっても過言ではありません。

芸人たちの下ネタ禁止の空気感
安易に下ネタに走る女芸人

昨今、芸人にとっては下ネタは、禁断の果実のようなところがあります。

幼少期から、「うんこ」「ちんこ」と聞いたり発したりするだけで何故かケタケタと笑っていた私たちですが、その度に親や先生に叱られました。

次第に、「人前でそういうことを言うのは恥ずかしいことなんだ」という意識が芽生え、気心知れた人の前や無礼講の場以外では控えるようになりました。

それ故に「下ネタは内輪ウケ」という印象が根付いており、それをプロが舞台で発するのは軽率で低能な印象を持たれます。

養成所の講師も決まってネタ見せの際には、「下ネタには手を出すな」というアドバイスをします。

実際、私も元々は自分が下ネタをやることはナンセンスだと考え、ずっと避けていました。

「女芸人はすぐ下ネタに逃げる」なんてよく言われますが、優れた技術や構成などなくても、女性がエロに関する用語を発するだけで笑いを取れてしまうことを私も当時から懸念していました。

私が芸人になった2009年頃は、「可愛い女芸人ブーム」真っ只中で、地下のお笑いライブに出れば、アイドルから芸人になった方が水着を着てネタをやったり、アイドル並みのルックスを持った人があえて芸人から始めるということも少なくありませんでした。

ある種、アイドルでは咲かない花も平均顔面偏差値の低いここでなら、と学生が志望校のレベルを一つ下げる感覚でお笑いを「逃げ場」にしているようにも見えました。

その中には、トークの際に自分の経験人数や経験談を話す人たちが一定数存在していて、「こいつヤリマンなんですよ」「このまえやった男が……」とオブラートに包まずに披露すれば、決まって最前列に陣取ったおじさんが笑い転げました。

もちろんネタや話の内容ではなく、セクシーな衣装を着た可愛い女性が発する、エロい言葉に反応しているのです。それはおじさんという生き物の自然の摂理ですし、仕方のないことだと思います。

私が気持ち悪さを感じたのは、そうやって笑いではない部分で悦ばしたことに対し、その女芸人が「芸人としての手応え」を感じていることでした。

ネタ中に股を開いたり、乳を寄せたり、喘ぎ声を発したりして受けた反応を、自分の芸への評価にカウントし、「笑かしたった」という顔をしているのを見ていられませんでした。自分たちは客やライバルの女芸人に見せつけた気になっているかもしれませんが、客席が笑えば笑うほど下品なワードを発し続ける彼女たちは、実際おじさんたちからしたら、「しめしめ」でしかありません。しっかり、おじさんたちに喰われているのです。

それに気付かず「芸達者」顔をしている様子が稚拙に思えてしまったです。若くて可愛い女性であれば誰がやっても同じようなものは、ネタとは呼ばないですし、エロいが面白いより上にきてしまうと、それはもう芸人のすることではなくなってしまいます。

男女問わず養成所生に下ネタに手を出すなとアドバイスをするのは、こうやって、質の悪い笑いかどうかを判断する力がまだ身についていないからなのかもしれません。

下ネタへ足を踏み入れるなら、本気でいかないと、こうして自らの首を締めることになります。

実際、それらを汲み取った上で、向き合い、芸に昇華出来ている人に対しては、芸人同士でもリスペクトを持っているのも事実です。

やはり下ネタは未熟なうちから手を出せるようなものではないのだと思います。

下ネタとはエロよりも面白いが先にくるもの

「エロ」と「下ネタ」は、ときに一緒くたにされますが、実はものすごくかけ離れているように感じます。

「エロ」とは、直接的なことを頭の中で想像させ、胸の奥にポッと濃い目のピンク色の火を灯し、ダイレクトに下半身を刺激させるものです。

「下ネタ」とは、下半身を刺激させたら不成立です。笑い辛くなってしまいネタどころではなくなるからです。話の中に「わかる！」と共感して笑ってしまう楽しさや、秘事である夜の話を言葉を選んで話す滑稽さ。話の野蛮さとは相容れないその繊細な構造と、そこで見えるその人の個性。その場の空気を読み、引かれない絶妙なラインを狙い撃ち、見事クリアした気持ちよさに思わず手を叩いてしまったり。その瞬間は、きっと話の中に出てきた誰かの裸を想像するより、このくだらない時間をみんなと共有したいと思わせるのではないでしょうか。

エピソードの中で用いるのは、基本「夜の営みの事」や「性器」と共通していますが、実は目的が全然違います。

同じ材料で調理しているのに全く違うものを差し出しているのです。

私もこの「想像させない」ということを常に意識して「ちんこ謎かけ」をしています。

女性で下ネタをやると物珍しさに注目してもらえる分、想像させず「下ネタ」を成立させるのはかなり難しいです。

割と直接的に「ちんこ」と発しているので、一つでも何かがズレれば、「芸人のくせしてエロいこと言っているだけ」と馬鹿にされてしまいます。

完成度がかなり高くないと「安易に下ネタに手を出した」と痛々しく見え、馬鹿にされてしまいます。

時々、調子が悪くうまく解けないときに向けられるあの冷ややかな視線は、仕事が終わった後も腹や背中に刺さった感覚が取れず、その恥かしさから逃がしてくれません。

そのためには「ちんこ謎かけ」で言えば、きちんと、ちんことお題の言葉にかかるような同音異義語で解くこと、またそれが難しい単語がお題として出された場合は、思いもよらないその単語とちんことの共通点、あるある、馬鹿馬鹿しい主観を入れて笑えるもので解くことを心がけます。

また、解くまでのスピード感も大事にしています。誰だって時間を与えられたら、一つくらい何となく当てはまる言葉が思い浮かんでしまうので、思った以上に素早くないと驚いてもらえません。

それらを駆使し、うまくいくと「ちんこ」で解いている必然性が出てきて、それが芸として認めてもらえ、楽しんでもらえます。

その後に、

「この人は何を思ってここに立っているのか？」

「一点を見つめ「ちんこと解きます」と言っているが、親はなんて言っているんだろう？」

「本当に幸せなのだろうか」

など私自身にも興味を持ってもらい、そんな私のスタンスが次第に可笑しくてなってきて、それごと笑ってもらうというのが理想です。

嬉しいのは、終わった後に「面白い！」とか「頭の回転早い」とか、「ちんこなのにどこか上品」と言ってもらえることです。

そんなときは、「エロいことを言っているだけ」と思われる危険をうまく回避し、「芸」として昇華出来たなと嬉しくなって、その日の自分の舞台に合格をあげたくなる瞬間です。

求められるエロから脱却するための信念

ちんこ謎かけを始めた頃は、「ちんこ」を連呼してるから、さぞかしエロいんだろう、何でも暴露するんだろうと、この〝エロ〟に重きを置いた番組のオファーをたくさん頂きました。

矛盾を感じる方もいるかもしれませんが、私は自分の体の特徴や夜の趣味嗜好、つまり前記させて頂いたような〝エロ〟を語ることはあまり気が進みません。

下ネタが成立した状態の自分を見て、結果それに興奮を覚える方がいるのであれば、それは見てる方の感性なので仕方がありません。

しかし、自ら率先して下半身を刺激しにかかるのは、芸人の自分がやることではないと考えています。

そんな番組のオファーがあった当時、事務所の方に「これは私がやろうとしている事と真逆です」と訴えたのですが、「あんな大勢の前でちんこって言ってるのに何言ってるんだ…?」と理解されず、断ることを許されませんでした。

「これからこういう仕事で生きていくんでしょ」と、私のネタがエロを狙っているわけではないと、まだ認識してもらえていなかったのです。

仕事も実績も知名度もゼロの芸人のこだわりなんて戯事に過ぎず、仕事を選ぶなんて言語道断、というのもよくわかります。

当時の私は無力さから〝下ネタ論〟を貫くことが出来ず、オファーを受けることもありました。

いざ収録に行くと、聞かれるのは、当たり前のように、好きな体位、経験人数、さらには行為の時の動きを求められたり、体を露出してゲームをするなど、やはり笑いとは関係のない、私のやりたい下ネタとはまったく真逆のものでした。

打ち合わせで「こんな直接的な口の動き出来ません」と言えば、「だったら面白くやれ」と言われましたが、私にはこの「中の中レベルの女」が擬似行為をして、エロくならない方法が見つけられませんでした。

収録の後は毎回、放心状態だったのを覚えています。

「せっかく起用してもらったんだから頑張ろう」と試行錯誤した時期もありました。しかし、エロをやりたい番組で自分のやりたい下ネタに持っていこうとするとどこかスカした印象になります。だからといって、割り切って思いっきり腰を振ることも私には受け入れられませんでした。

私の下ネタと「エロ」の相性は一見物凄く良いように見えて、実は相容れないものだったのです。

現在は事務所もよく理解してくださっていますので、自分が「エロ」だなと思ったもの、どうしても下ネタに転換できないものはたとえスケジュールが真っ白なときでも断らせて頂いています。まだまだ売れているとは言えない私には生意気なことだと重々承知していますし、ときには不安になることもありますが、これが「下ネタをやっている＝エロもやる」というわけではない、という信念を貫く意思表示でもあるのです。

現実を客観視して自分に出来る下ネタを

そんな私ですが、実は昔は意図せずエロに走ってしまっていました。
私が芸人を志したのは「くまだまさし」さんをテレビで拝見したのがきっかけな

んです。

ある日テレビを観ていると、突如現れたブルマを履いた謎のお笑い芸人、くまだまさしさん。そのときは同じくブルマを履いたハイキングウォーキングの鈴木Q太郎さんと共に登場しました。お二人とも、なぜか口に咥えぴゅっと拭くと伸びる昔ながらのおもちゃを頭に2本付け、鼻にはコードを伝わせています。鼻息をするとコードを伝い、おもちゃが伸びるという仕掛けです。そして二人は、

「今からピカチュウにならないように一つのブルマを二人で履きます」

と息を止めながらブルマに両者片足ずつ入れるのですが、どうしても笑ってしまい、「ぴゅっ、ぴゅっ」と黄色い角が生えてしまうというものでした。

そのブルマパーティーと名付けられたネタを見て、私は真っ暗な部屋で一人笑い転げ、心の底から「こんな大人になりたい！」と思ったのです。くまださんが作り出す、何も考えずに手放しで笑える愚の骨頂に魅了された私は、私も紺色のブルマ

を履いてそのパーティーに参加するという夢を持ちました。

20歳になっても、将来の夢や目標がまったく描けずに暗い毎日を送っていた私は、すぐに松竹芸能養成所生の募集広告に応募しました。

まずは女性タレントコースというところを志願し、すぐにお笑いコースのネタ見せに参加させてもらいました。

お笑い志望と名乗るよりも、女性タレント志望の人がやるネタの方が優しく見てもらえるような気がしたからです。

そこで満を辞して披露したのは、紺色のブルマを履き、そのブルマに食パンを挟み、「ハミパンしています」というネタでした。

これで天下を獲る！　と本気で思っていたのです。

女性がブルマを履いてネタするなんて、エロいと普通に思いますよね？　まして私は「中の中レベルの女」ですから、ちょうどエロい……。

しかし、ブルマによって丸みを帯びてセクシーになるところが、当時の私は今よりも10キロ近く痩せていてガリガリだったため、地元の友達が「こんな面白いブルマ姿見たことない」と笑ってくれて自信がついてしまっていたのです。

女子校のノリというのでしょうか。実際女子校に通っていた時期もあり、同性だけの空間に感覚が麻痺していたのだと思います。

いざネタ見せに行くと、講師たちからは、案の定「エロくて見てられない」「痛々しい」と、指摘されてしまいました。

それでも私は「性別を超えて愚の骨頂を表現しているんだ」と意地になり、「なんでもかんでもエロく見るなんて、全身ちんこかよ」と聞く耳を一切持ちませんでした。

しかし、ある日男芸人が私に参考資料として見せてくれた「ブルマ物のAV」に衝撃を受けました。

ブルマを履いた女というのは、男子たちの間でこういう扱いなのかとショックを受け、こんなエロいものをお笑いとして履くなら、すごく太っているとか、顔がすごくファニーとか、それこそおじさんとか、なにかフックがないと成立しないということを知りました。

20台前半の背の高い小マシな女のブルマを履いた姿で、たとえどんなに面白いことを言っていたとしても、エロい目でしか見られないのは、当たり前なことなのでした。私はただの「世間知らず」だったのです。

自分を客観視出来ておらず、自分のキャラクターと合っていないお笑いを求めていた私は、それが「面白くない」ということを痛いほど学びました。そんな自分に合っていないお笑いは、手放すという覚悟を込めてブルマを履くのも諦めました。そして、自分は何をしたら笑ってもらえるのか？　自分に合ったお笑いとは？　を真剣に考えるようになったのです。

4本目の女が言う下ネタ膝下スカートの意図

「ちんこ謎かけ」をやるに当たって私の容姿は、相当「ちょうどいい」と自負しています。

以前、自分を客観視するために、同期の男芸人に「私の外見は、世間的にはどれくらいのレベルか遠慮なく教えて欲しい」とお願いすると、「鑑賞ビデオ屋に行って、「4本まで借りれます」と言われて、ギリ4本目には選ぶけど、結果時間がなくて観られないくらい」と言われたことがあります。

ユーモアが効いている上に実にしっくりくる他己分析なのですが、この「4本目の女」こそが、ずばりベストオブ「ちんこ謎かけ」フェイスだと思うんです。

5本目、6本目以降は、「必死感」とか「こいつ抱かれたくてしょうがないんだな」

感が出てしまい笑い辛くなります。とはいえ、1本目、2本目だと「変な作家がついてるだろう感」、「可愛すぎて照れてしまう」などの弊害が出てしまうと思うんです。

やはり4本目がちょうどいいんです。

「すごく綺麗というわけでもないけど、決してブスでもない」「地元のツレのお姉ちゃんに似てる」くらいの紺野ぶるまだから、聞いていて罪悪感がなく、変な雑念も生まれずに、見やすいんではないかなと思うのです。

そこで私は、服装で「4本目の女」をさらに引き立てることを考えました。

ちんこ謎かけを始めた当初は、金髪で胸元が開いた服にミニスカート、網タイツにピンヒールでネタをしていました。「THE下ネタをやる女」とわかりやすい方がいいのかと思っていたからです。しかしこれだと、5本目、6本目の「必死感」が生まれてしまいます。

やっていくうちにも、これ逆だな、下ネタをやりそうにない人がやるから、価値が上がるんだと気付きました。そこで、どんな人が下ネタを言ったら人は驚くだろうと考えたときに、「箱入り娘」とか「音大卒のバイオリニスト」あたりではないかと考えました。実際の私は元ギャルなので、その如何にもなバックグラウンドはひとまず置いて、まず見た目だけでも清楚にしようと黒髪に。さらにツヤが出るように心がけました。髪は巻きすぎるといかにもですが、巻かないのも味気ないので内側にワンカールだけして、お化粧は一番スタンダードな色味でします。

デニムなどのボトムスだとあまりにも下ネタの予兆がなさすぎて、服装で判断されたくないというような意識が垣間見え、意味を持ちすぎます。とはいえミニは色々と想像させてしまうので、膝丈のワンピース。これも都会的なデザインだと挑発的になってしまう、とはいえ麻素材のものはロハス過ぎるということでAラインの少しだけ光沢のあるものを選びました。こうして「ちんこ謎かけ」を手玉にとる

４本目の女の正装が完成したのです。まさに玉だけに。あ、精巣とかけてみたんです。わかり辛かったらすいません。

賞レースで優勝を果たしたどぶろっくさんの革新的な下ネタ

キングオブコント２０１９でどぶろっくさんが異例の下ネタで優勝されました。尊敬すべきどぶろっくさんのネタについて語らせて頂くのもおこがましいですが、私なりに賞レースと下ネタの相性について話させて頂きますね。

まずお笑いの賞レースで下ネタが弱いのは言うまでもありません。

芸人の中にある下ネタへのタブー感は、賞レースの予選だと尚更強くなります。

例えば「R—1ぐらんぷり」の予選を見に来る方たちは、「R—1ぐらんぷりの予選」そのもののファンだったりするので、ネタはもちろん、決勝に勝ち上がるための気合いや、この日のためにどんなネタを作ってきたのか、どれだけ時間をかけたのかというところにもすごく敏感です。面白いのに加え、その年にそのネタにかける人生みたいなものが見えるときが、会場が一番盛り上がる瞬間ではないでしょうか。

そこへ基本はタブーとされている下ネタを持ってくるのであれば、「この人が下ネタをやる理由」や「このネタが下ネタでないといけない理由」というのが見えてこないと笑ってもらえません。

そして他の芸人よりも何倍もウケていないと不合格にされてしまいます。ゴールデン番組で下ネタをさせるには、審査員側も相当な覚悟がないと決めきれないからです。

どぶろっくさんがキングオブコントで「下ネタをやる理由」は、すでに普段のご活躍で世間に知らしめていました。さらにウケでも、三倍どころか、予選ではトップだったと噂になっていました。

とはいえ、決勝当日は、女性客ばかりだし、ファーストステージ突破の可能性は未知数。結果は……ぶっちぎりの一位で突破です。

母が病を患い困っている貧しい農夫が、一つだけ何でも願いごとを叶えてくれる神様と出会い、母の病を治して欲しいと願うのかと思いきや「大きなイチモツを下さい」と懇願する。これらをメロディに乗せて歌い上げるという、革新的なネタで爆笑をかっさらいました。

そしてその下ネタで優勝しました。しかし、私は逆な気がします。農夫が神に願いごとをする瞬間、あれって「願いを何でも叶えてくれる神様に出会った。さて神様に何を願う?」っていう大喜利ですよね。そして、あのシチュエーションで「大きなイチモツ」以上に面白いものはないはずなんです。だから、下ネタを作ったというより、面白いものを追求したら、結果的に「大きなイチモツ」というワードが必要不可欠で、それを世間では下ネタと呼ぶ、と言った方がしっくりくるような気がします。

「このネタが下ネタでないといけない理由」も揃いました。

ミュージカルのような世界観で始まり、お二人のあの美しい歌唱力に魅せられていたら、突如漏れてしまった貧しい農夫の「大きなイチモツをください」という願い。まさに一本取られたという気持ちになりました。会場のあの拍手は、ネタにはもちろん、どぶろっくさんのネタへの極意や生き様にも贈られたものだったのではないでしょうか。

そして、この男が母を案ずる傍で、自分の少し小さなイチモツを眺め肩を落としたり、綺麗な女性を目で追っては固唾を飲んだり、同僚たちと下ネタばかりを話し笑い合っていた情景が浮かび、「大きなイチモツ」を懇願してしまう愚かさを憎めず笑ってしまいました。ネタの本筋である人間の滑稽さ、男の情けなさ、開き直りがあまりに秀逸で、「これを下ネタと言っていいのだろうか？」とみんなの心をざわつかせたどぶろっくさんは、最高に色男でした。今でもお会いする度、堪りません（実際は結構溜まってそうですけど……）。

国民の親戚の叔母 絶妙な大久保佳代子さん

下ネタをやる女性で、昔から今も大好きなのが大久保佳代子さんです。

心の中で勝手にちんこ師匠と呼んでいます。大久保さんについて語らせて頂くのもまたおこがましいですが、聞いて頂きたいエピソードがあります。

以前、大久保さんが出演されている番組に私のちんこ謎かけを推薦してくださったことがありました。

スタッフさんは私を「雑にセクシーを売っている人」という演出で企画を組みま

した。

それを事前に聞いた大久保さんはスタッフさんに「私は彼女の芸を雑だと思ったことはありません」と話してくださったのです。

結果的に本番直前まで、私が損をしないようにスタッフさんと打ち合わせを重ねてくれ、本番でも私への援護射撃で、「今年一笑いました」とコメントして下さりました。私はこの日からさらに大久保さんが眩しくて直視出来ません。下ネタ芸人だからと諦めずに自分を大事にしていいんだよ、と言われているような気がして感動しました。

こういった優しさや、人情が、大久保さんの絶妙なワードチョイスにさらに深みを加えていると考えています。

大久保さんが少し飛ばしたことを言うと、周りが「おいおい」と突っ込むけど、みんな内心「ありがとう」と思っているあの感じ。

親戚同士のお正月で会う「頼れる叔母」を思い出します。

気まずい雰囲気の中、叔母は先陣を切って話し始めます。昼間はバリバリ働き社会的地位もあるのにお酒を飲むと下ネタを言い、周りの大人は「ちょっと、子供もいるんだから」と言いつつ、叔母がトイレに立つと誰も話さなくなり部屋が静まりかえります。

そこでみんな叔母のサービス精神や気遣いに気付くのです。

「本当は叔母さん人見知りだったりして……」と想像するあの気持ちによく似た、「本当は大久保さんどれくらいエロいんだろう……」と世間に考えさす程よいビジネス感も大好きです。

第2章

ちんこ謎かけが生まれた日

紺野ぶるまの下ネタのルーツ

私が人よりも下ネタの知識が豊富なのは、年の四つ離れた兄がいたからだと思います。兄はお笑いが大好きで、話すエピソードも面白く、私がお笑いに目覚めたのも兄の影響がかなり大きかったと思います。下ネタもその中の一つでした。兄の話す下ネタは、少年特有のくだらなさとユーモラスがあり、きちんとオチもありました。なので聞いてはいけないものという認識はなく、誰かを笑わせるためのツールとして捉え育ちました。

しかし、学校の教室で男子が下ネタを発する度に女子が怪訝な顔をする様子を見て、次第にこれで笑うことは恥ずかしいことなんだと認識するようになりました。女子が下ネタで笑っていると、「冗談が通じるから」ではなく「スケベだから」だと冷ややかな目で見られたのです。

小学校高学年に上がる頃には、次第に下ネタで笑うのを堪えるようになりました。

だけど本当は、男子が無邪気にちんこの皮について話すあの空間にわたしも入りたくて仕方なかったんです。だってそれは面白い話だから。

ちんこ＝卑猥なもの、というのはもちろんわかりますが、楽しく会話をする上では別物で、ちんこ＝超面白コンテンツだと思っていたのです。それは今でも変わりません。リトミックの如く、幼い頃から家で下ネタの英才教育を受けていた私は、他の人とちんこの認識に少しズレがあったのだと思います。

私は自分の体の成長が嬉しい反面、それに伴いちんこの皮の輪が遠くなることを残念に思いました。今でも男の芸人さんが中学生みたいにちんこの話で盛り上がってると疎外感を感じ、フラットに話すという叶わない思いに辛くなり、席を離れるほどです。

放課後楽しそうにエロ本を読み回す中学生男子の背中に、私は未だに憧れているのだと思います。

出会ったのは謎かけ これが分岐点だった

そんな私は芸人になり「これで売れるぞ！」と意気込んだブルマを履いたネタが自分には合っていないと気づき断念。しばらく何をしていいかわからず、出来ないモノマネをしたり慣れないコントをしたり試行錯誤を続け、オーディションにもR—1にもまるで引っかからない日々を過ごしていました。そんな中、自分に合った芸を模索するために出ていたライブに、ねづっちさんがゲストでいらっしゃったんです。そのライブのエンディングでは「ねづっちと謎かけで戦おう」というものが行われました。ねづっちさんと同じお題で思いついた人から謎かけを発表するというシンプルなものだったのですが、これがまあ楽しかったのです。一つのお題に対して自分でも驚くほどポンポン浮かび、それでいて途中ねづっちさんの秀逸な謎かけも聞ける。そこから新たなヒントを得てまた浮かぶ。興奮した私は他の芸人さんの目を一切気にせず、手をあげまくったを覚えています。

今思えば、「渋谷とかけまして卵と解きます。どちらもスクランブルがつきものでしょう」くらいの直球なものだったのですが、止まらない私にねづっちさんが「キミすごいね、卵だけに」と褒めてくださり、さらにその場で「コージー冨田さんがやっている謎かけライブに一緒に出てみるかい？」と誘ってくださったのです。

あるお笑いライブでのちんこ謎かけ誕生の瞬間

それは定期的に行われているコージー冨田さん主催の、謎かけをがっつり二時間やるライブでした。謎かけが大好きなコージー冨田さん、殿堂入りのねづっちさんを筆頭に、今をときめくMr.しゃちほこさんなど普段からこのライブや、打ち上げなどで謎かけをされている方たちばかりで、本当に私なんかが出ていいのかと不安でした。なので、当時モノマネをしていた『ショムニ』の江角マキコさんの格好で出るという保険をかけさせてもらったりもしました。特に怖かったのはそのライブの「低クオリティハイスピード謎かけ」というコーナー。一分半の間にクオリティーは低くてもいいのでとにかく数をこなすというもの。他のコーナーと違って一人だけ前に出て解くので、その時間だけはスポットライトから逃げられないのです。このライブに出る新人にとって鬼門とされていました。パスも3回まで許されていましたが、低クオリティーでもいいと言われているのに、パスするのは白ける気がして怖く、少し破綻していたとしてもそれだけはしないようにしようと目標を立てて挑みました。

そこで最初に出された「ハンガー」というお題で、ついに私は咄嗟に頭の中で「かける、かけるといえば、ちんこ！」と思いついてしまったのです。人間追い込まれると本性が出るとはまさにこのこと。私の根っこにある、あの無邪気な下ネタガールが顔を出してしまったのです。大人の私が「いや、ダメだ、ちんこはダメだ。一発目でちんこなんて言ったらダメなんだ。いや何発目でもちんこはダメだ！　私がちんこはダメなんだ！」と必死にちんこ以外で解けるものを探します。

しかし、一度現れた無邪気な私が「ちんこじゃん！　ちんこに決まってんじゃーん！」と止まりません。ダメだ、ちんこ以外思いつかない、これ以上の沈黙は怖すぎる。

「ごめんなさい、ちんこと解きます。どちらも、かけます」

怖くてプールに飛び込むときみたいに目をぎゅっとつむり、言い放ったのを覚えています。

するとすぐに、拍手と笑い声が聞こえたのです。その次に「手品」と出されると、周りにいた諸先輩方が、「ちんこでいけるか!?」と煽りの援護射撃。

「ちんこと解きます。どちらもタネを仕込みます」

「こいつまじか！　なんでもちんこで解きやがる！」と約10問近く解き終わる頃には、会場には「ちんこ！　ちんこ！」とスコールならぬチンコールが起こっていました。

ライブの帰り道、一人でラーメン屋を見れば、

「ちんこと解きます。その心はどちらもｍｅｎ（麺）はバリカタでしょう」

植木が目に入れば、

「ちんこと解きます。その心はどちらも苗（萎え）がつきものです」

私は止まりませんでした。

「間違いない……この世のものはすべてちんこで解けるようになっている」

その瞬間、自分の芸を模索して、もがき苦しみ、芸人としての未来とともに暗くなっていた視界が一気に開けた気がしました。そして、周りの景色すべてが輝きだしたんです。

私は家に着くまでの間、これが夢じゃないことを確かめるように何度も何度もちんこで解き続けたのです。

事務所に隠れて磨く
ちんこ謎かけのスキル

ちんこ謎かけが誕生してから、毎回謎かけライブに呼んでいただけるようになりました。

お客さんに常連さんが多いそのライブで「ちんこ謎かけ」は超ウェルカムムード。私は翼が生えたようにちんこで解きまくり、さらには周りの先輩方のフォローもあって何度か優勝という栄冠も頂きました。

芸歴6年目にも関わらず仕事がゼロだった私は、自分の中でこのライブの存在がかなり大きなモチベーションになっていました。

打ち上げでもみんなでちんこ謎かけをやったり、一人でいる時も辞書で引いた単語でちんこと解いて遊んだりして、「お題をもらってその場ですぐに解く」訓練を日々するようになりました。

とはいえ、事務所のマネージャーさんたちの前では、この謎かけを一切封じていました。大前提に若手が下ネタをやるのを止められていましたし、私の所属する松竹芸能は、しっかりした王道のネタを評価する傾向が強く、ネタ中ストレートに「ちんこ」なんて発すればその場で射殺されるような雰囲気がありました。私は、外でちんこと連呼していることをひた隠しにし、事務所ライブでやるコントは下ネタなしの別物として切り分けていました。

テレビ番組への挑戦！ちんこ謎かけで売れたい

謎かけライブに出始めて2年くらい経った頃でしょうか。
「今度お願いランキングで謎かけについて話すんだけど、ぶるまちゃんのちんこ謎かけを推薦していいかな?」と、またもやねづっちさんから大チャンスをもらうこととなったのです。

私はついに自分の最終兵器を公に使うときが来たと覚悟しました。

ずっと静かに研いでいた、ちんこという名の刀を抜くときがきたのです。

実際その内容も、超無名の私にはありがたすぎるものでした。

いつものように辞書を引いた単語をちんこで解く様子から、即興で解くスタイル、みんなであの低クオリティハイスピード謎かけをするロケに加え、スタジオ収録にも呼んで頂きました。

「水素とかけまして、ちんこと解きます。その心はどちらもエッチです」

「こいつまじか!」

いつかの謎かけライブのような暖かい空気の中、本番を終えた私は、芸人になって一番の手応えを感じました。しかしオンエアが待ち遠しいと同時に、公共の電波で自分がちんこと言う姿が放送されること、特に大きくなってからは親の前で下ネタを発したことがなかったので、親にどう思われるかが恐怖でもありました。

私がこんなにちんこに詳しいことに親はショックを受けるだろうか？　それともテレビ出演に喜んでくれるだろうか？

考えると具合が悪くなるほどでした。

しかしオンエアを観てその不安はすぐに吹き飛びます。

画面の中の私は編集や周りの先輩の笑い声により何倍も面白い人として映っていて、しかも思った以上に放送に使われていたのです。画面の外で間違いなく人生が動く音を感じました。

そして翌日、いつものようにベーグル屋でバイトをする私に、マネージャーさんから、「オンエアを観た吉田照美さんがラジオでぶるまのことを話してくれて今度スタジオにも呼んでくれたよ」と、それまでには考えられなかったような連絡が入ったのです。

「本当に動いた！」

親もきっと納得してくれるだろう。最悪、構成作家に言わされてることにしよう。優しい嘘ってこういうことを言うんだな。

日が沈んだ夕方のベーグル屋に一筋の光が差した瞬間でした。

伊集院光さんの言葉で周囲の状況が変わり始める

その後、少しだけ深夜番組に出演させて頂けるようになりましたが、伊集院光さんとの出会いでさらに環境が一変しました。

当時行われていた『伊集院光のてれび』（ＢＳ12 トゥエルビ）の一斉オーディションに参加させて頂いた際に「テレビで観たことあるよ」と認知してくださっていた

上に、その後の伊集院さんのラジオ『深夜の馬鹿力』で「難しい芸事をやっている」と私の話をしてくださったのです。

その影響力たるやアカデミー賞並でした。受賞した後にさらに上がる動員数と言いますか、その一言でたくさんの方が私に興味を持ってくださいましたし、それまで知ってはいたけど「女の下ネタをどうやって観たらいいんだ」と拒絶していたような方も「これは面白いものだったのか」と見方が変わるような解説をしてくださったのです。同業の方からも褒めてもらうことが増えましたし、一番わかりやすかったのは、生粋の伊集院光ファンの私の兄です。自分は会話の半分が下ネタなのに妹がテレビで下ネタを言うことは「恥ずかしいからやめろよ」と怒っていたくせに、翌日「難しい芸事をしてるよ」と笑ってしまうくらいダダなぞりしてきたのです。

それくらい私の周りの環境は変わり、仕事のしやすさでいうと未だにその恩恵は受けているように感じます。さらにありがたいことに『伊集院光のてれび』のオーディションにも合格させていただき、芸についてもたくさんのアドバイスを頂くことが出来ました。特に伊集院さんが勧めてくださった「男根神社巡り」は今も私の趣味の一つです。この「男根神社巡り」については少し長くなるのでまた後で話しますね。

私が本当に体験した ゴールデン番組の怖い話

こうして少しずつテレビに出させて頂くようになって、ちんこ謎かけは何時帯の番組までいけるのか、探っていた時期がありました。すると少ししてついにゴールデン帯のオファーを頂くことが出来たんです。

（ここからは嘘みたいな本当の話になるので、稲川淳二さんの怪談を聞くテンションでお付き合いください。）

それは19時～21時の国民的おばけ番組の出演でした。

このとき担当してくださったディレクターさんを仮にAさんとしましょう。

Aさんに聞けば、日本の宝とも呼び声高いあの某スターが帰国をして特別出演をする回で、大のお笑い好きなその方は『ゴッドタン』（テレビ東京）などを観る嗜好もあるため、お笑いコーナーを設けるとのことでした。そして、ぜひそこでちんこ謎かけをしてほしい！　ということでした。当時その方は大手企業のCMに何本も起用されていたし、時間帯を考えても、

「さすがにこれは難しいんではないでしょうか」

とマネージャーさんも私も気が引けてしまいました。

「いやいや！　僕が自信を持って選びました！　全開でやっちゃってください、面白くするのも細かい事情もこちらにお任せください」

「Aさんがそこまで言ってくださるなら……！」

と初めてのゴールデン進出に意気揚々と作戦を練りました。

下ネタをこの時間帯に言うのだからいつも以上の清潔感を！　と衣裳を新調し、ダイレクトにちんこと言うのは厳しいだろうということでファミレスなどによくある「御用の方はこちらのベルを押してください」と言うベルを片手に、「ちんこ」の「ちん」の部分に合わせ鳴らして、私の口からは「こ」しか言わないという自主規制スタイルを編み出しました。練習の際もゴールデン帯だと思っていつもよりも下ネタレベルを下げて取り組みました。

それで迎えた本番。緊張する中、どんなに周りを見渡しても何故かあのAさんの姿はありません。

嫌だな～嫌だな～と思いつつも、そのスターから直々にお題をもらい、まあまあうまいこと切り返すことに成功します。しかし、スタジオの空気は凍りつきます。スターもこれで笑っていいのだろうかと困惑。その周りのMCやタレントはその様子にさらに困惑。

テレビの規制を私で変えてみせるわ……！　と鼻息荒かった私は、現実を突きつけられました。

そしてオンエア前日に事務所にきた連絡は言うまでもなく「全カットになりました」というもの。

「だから言ったじゃん！」というより、「私たちもなんでいけると思っていたんだ……（笑）」という感じでした。

マネージャーさんが

「Aさんによろしくお伝えください」

と言うと、

「え……？　そんなディレクターうちにいましたっけ？」

……ちんこ謎かけを強行突破しようとして、いろんなものが消えてしまったという本当にあった恐ろしい話です。

ゴールデンでのちんこ謎かけは未だに夢ですが、あんな空気になるなら来世でいいかな～というのも本音です。

ちんこ謎かけに対する家族の反応

ちんこ謎かけを初めてテレビでやってから数ヶ月後、何度か出演させて頂いた『有吉ジャポン』（ＴＢＳ）から紺野ぶるまの密着で丸々番組一本という、夢みたいな機会を頂きました。

しかし、そこで遅かれ早かれいつかは解決しなければならない「両親の目」という問題にぶち当たりました。

番組の内容は私の半生や仕事について真面目に語るも、その半分がちんこのことになってしまうという企画段階から面白くなる匂いがプンプンするものでした。その中の自宅ロケでVTRの厚みを出すために、父親の反応を撮らせて欲しいと打ち合わせの際にお願いされたのです。

娘が公共の電波に乗せて下ネタをすることをどう思っているのか。未だによく人に聞かれるのですが、ズバリ両親は常に辛そうです。「ちんこ謎かけ」を始めたてのこの頃は特にそうでした。

はっきりと「辛い」と言われたわけではないですが、オンエアを観た後の両親の苦笑いを目の当たりにしたら汲み取らずにはいられません。

バレエ、ピアノ、英会話、水泳、書道、やりたいことはなんでもやらせてきたし、育て方も間違っていないはずなのに、なぜ……？　私たちのせいかしら？　そういえば3歳のときブランコから落ちて頭を打ったことがあったっけ……などと普通の親なら頭を抱えると思います。そしてその様子を撮らせてもらうということは、ちんこを連呼する女の親の顔が見てみたいという世間のちょっとした見世物になるわけです。

自分でも鬼畜なお願いなのはわかっていました。が、家族と気まずくなるからといって、お断りするという選択肢は私にはありませんでした。本当は家族を切り売りすることなんてしたくなかったですが、少しでもロケが面白くなる方を優先したかったのです。その担当ディレクターさんとは付き合いが長く、私が絶対に損をしないような編集をいつもしてくれて、信用していたのも大きかったです。

それにいつかは、両親とこのことについて目を見て話さないといけないときが来ると思っていました。

両親にお願いすると、父親は出演を割とすんなり快諾してくれました。しかし手強かったのは母親の方です。実は芸人になった当初から家族はテレビに出すなと言われていたのです。

「家族をあなたの下ネタを言う人生に巻き込まないで」と最初から戦闘モードです。

しかし私も「出るのはお父さんでお母さんには関係ないでしょ」と食い下がります。

「あなたが今、顔を出して芸能をしているって言うことは、あなたがもし今後何か問題などを起こして仕事が出来なくなったときに食わせていくのは私たちしかいないのよ。親までテレビに出たら全員で共倒れになるのよ」

「しっかりした人だ！」と言いたいところでしたがそういうわけにもいきません。私にとってそのとき大事だったのは、何が安全かではなく、何が面白いかなのです。そして後者を極めることが明るくて安全な未来を作る気がしてならなかったのです。

しかし母の正論は止まりません。

「売れたいなら自分の力だけで売れなさいよ」

私はここで最後の手を使います。

「でも正直、今この企画で何千万円のお金が動いててさ……もう私にもどうすることもできないんだよ」

「は？」

「お父さんが出てくれないなら私干されちゃうよ……」

「自分にはどうにもならない力がもう動いっちゃてる感」を出す作戦です。

ディレクターさんにも最悪お父さんのくだりはなくてもいいと言われていましたし、もちろんそんなお金が動いているわけがありません。

ちんこ謎かけをやる芸人で何千万のお金が動くわけがありません。

何となく業界っぽいワードを入れればまかり通ると思ったのです。

「別にお母さんに黙ってお父さんを出演させることだって出来たんだよ、でもそれは気が引けたから聞いてるだけなんだよ」

「え……」

と少し戸惑う母に、カウンターを入れます。

「やっときたチャンスなんだよ！　これにかけてるんだよ」

私はここで初めて家族を晒してまで番組を面白くしたい本当の理由を、半土下座で言いました。

「お願い！　お父さん貸して！」

もはや間に挟まれた父は、小道具と化しています。

「……じゃあ、これで仕事が一個も増えなかったら芸人きっぱり辞めなさいよ」

「わかりました」

「あと近所の人にバレないように、お父さんにメガネとちょび髭をつけるって約束して。あと女性器で解いたらその時は殺す」

やはり父は小道具扱いでした。

とはいえ、このようにして見事口説き落としたのです。

ロケは、母がいないのをいいことにとことん面白いを優先させました。

「お父さんとかけましてちんこと解きます。その心は、どちらも大好きです」

父は苦笑いでうつむきました。

その様子もまた後日のスタジオではハマってくれたので本当に感謝です。

ロケ隊が帰った後、父は一人、強めのお酒を飲んでいました。

私が小学校のとき、父の誕生日にプレゼントした宇多田ヒカルさんのCD『Automatic』を聴きながら、バレエ発表会で踊っている幼少期の私の写真を手に持ち眺めていました。

その姿を目の当たりにして、初めて自分がしたことの罪の深さに気付いたのです。

ちんこが大好きと目の前でいい、父と写真に写る少女との思い出を壊してしまった。

娘とはいえ、家族のために働いてきたこの人に、そんなことする権利があったのだろうか？

ネタとはいえ、それ以前に人間としての大切な何かを忘れていたのではないか。笑いのためなら家族くらい差し出したら～という芸人論みたいなものは、そのときの私にはまだ早く、いざ、家族を差し出すそのえぐみは耐えがたいものがありました。

後になって私の心はブレ始め、肩を落としている父に道徳心が揺さぶられまくって込み上げてくるものがありました。

「お父さん……なんかごめんね」

「何が？」

「……巻き込んでしまってさ」

体勢を変えないまま、父は少し間を空けた後、喋り出しました。

「いや、あなたが一生懸命やってることなら私は応援しますよ。複雑だけど。親ってそういうもんなんですよ。それにしてもカメラっていうのは緊張するもんだね、どこ見ていいかわからなかったよ」

「……うん」

「やりたいことがあるってのは幸せなことだよ。俺も若いとき探したけど結局見つからなかったよ」

このとき私は、今後何があっても誰に何を言われようとも、中途半端にブレることなく信念を貫こうと誓いました。

大切な人を傷つけてまでもやりたいことだと思ったのだから、自分が面白いと信じて疑わないことが自分にできる誠意なんだと覚悟を決めました。

ちなみにオンエアを観た母は、お父さんにちょび髭をつけ忘れたこと以外は何も言いませんでした。

面白かったよ、とも辞めてくれとも、未だに何も言われていません。

きっと、「複雑」なんだと思います。

第3章 下ネタに対する細部のこだわり

「ちんぽ」でも「ちんちん」でもなく「ちんこ」の三文字で解くこだわり

下ネタはリスキーな分、言葉の絶妙なニュアンスを嗅ぎ分けることが重要だと考えています。

私はどんなお題でもすべてちんこで謎かけをしています。

「ちんこ」という三文字にも強いこだわりがあり、それ以外の表現は使いません。このネタをするにあたって、男性器の言い回しで「ちんこ」という三文字以上に面白い言葉はないからです。「ちんこ」以外ではこのネタは成立しないと考えています。

なぜなら、ここの言葉のチョイスは、聞いている人が思い描く男性器に大いに作用し、笑いの量もかなり変わってくるからです。

まず「ちんこ」と「ちんぽ」でいうと、「こ」が「ぽ」に変わるだけで急に頭の中の男性器に毛が生えるのにお気付きでしょうか？　思い返してみれば、子供のあそこを、「ちんこ」と呼ぶことはあっても、「ちんぽ」とは呼ばないのです。

大きくて、汁っけがあり毛で覆い尽くされているのが「ちんぽ」、毛が生えているのか生えていないのか、はっきりしていないのが「ちんこ」です。

初体験を終えてない気もするし、まだ性に目覚めていない可能性も感じます。こちらに想像する余白を与えてくれる絶妙な三文字、それが「ちんこ」です。

青春時代に男女問わず我々が想いを馳せたのは「ちんぽ」ではなく「ちんこ」だと思うんです。教室で男子がふざけて、「お前言えよ」「いや、お前が言えよ」「じゃあ、せ～のででっかい声で言おうぜ！」「せ～の！」で発したのは、ちんぽではなく、ちんこだったのではないでしょうか？

それで先生に「馬鹿たれ！」と頭を叩かれてるあの平和な空間は、このしがない女芸人の私も、区役所に勤め姿勢を正し書類に目を通してるあの人も、昨日合コンで知り合った代理店の男性をジンギスカンに誘おうか迷ってる丸の内のOLさんも共通の認識だと思うんです。

無邪気さの中にあるいたずらに芽生えたスケベ心、そのエモーショナルを表現できるのは「ちんこ」しかありません。私はいつかあの日の下ネタへの憧れをこの三文字に詰め込んでいるのかもしれません。

私はこの三文字をいつも、縦文字に書かれた「令和」くらい大事に発しています。丁寧にすればするほど「どんなお題でもちんこで解く」くだらなさが伝わるからです。

丹田に力を入れ、一番いい姿勢、いい声で「ち、ん、こと解きます」。

一点を見つめ、正確に、抱きかかえている赤ちゃんを起こさないよう布団に戻すときのように、そっと優しく置きにいきます。これがうまくいくと、見ている人が、明日のことなど考えるのを一旦やめて、私の言葉に耳を傾けてくれます。「この人、ちんこの意味わかって言ってるんだよね？」と意識が集中するこの瞬間が一番面白いんです。いつの間にか「ちんこ」から「ちんぽ」に興味が移行してしまった大人たちが、あの教室に帰ってくる瞬間です。

昔は目が合うだけで顔を赤らめていた好きな人に、同窓会で再会し「相変わらずかわいいね〜」と言えるまでに成長した自分を喜ぶように、昔はただただ恥ずかしかった「ちんこ」に堂々と笑みを浮かべられる楽しさを共有する嬉しさがあります。

時々、「ちんこだと出られる番組が限られてくるから、男性のあそことかおちんちんって言うのはどう？」と、アドバイスをくれる人もいます。すごくありがたいことなのですが、逆効果なのです。

「男性のあそこ」って、それがいやらしいものだと認識し、周りの男性を興奮させにかかってる、いわば淑女の言い回しです。余白がありません。毛が生え、黄金のテクニックさえ伺えます。エロが先行しすぎて面白くないです。

おちんちんはライトに見えて、丁寧で敬いがありすぎて、場合によってはＡＶでも使われている言葉です。何周かして毛をすべて処理している猛者のような気もして、これもエロが先行しています。

「ちんこ」がダメなら、最悪、チン！　と鳴る呼び鈴で自主規制、それがダメならちんこ謎かけは諦めて、モノマネとかコントなどをやらせて頂くようにしています。

歴代の担当してくださったマネージャーさんもこの想いを理解してくださっていて、仕事を頂くとまず「ちんこと言うことは可能でしょうか」と確認をとってもらうところから始まります。

もしかすると、その真顔で行われる「ちんこ」の確認作業はネタ以上に面白いかもしれません。私もあらゆる現場で、この想いなくして笑いはない、という信念のもと戦ってきました。お願いしてくれるマネージャーさん、承諾してくださるスタッフさん、汲み取ってくれ笑ってくれる方々に感謝を込めて、今後も私が手を抜くことはないでしょう。たとえ、手で抜くことはあっても。

解けたときに発する言葉「芽吹きました」って何?

ちんこ謎かけでは、ちんこという言葉以外にもニュアンスを重視している言葉があります。

それはお題をいただいた後に、ちんこで無事解けたことをお知らせる合図「芽吹きました」です。

「整いましたじゃなくて!?」と突っ込んでもらって初めて成立するもので、ねづっちさんの「整いました」ありきのものなのですが、このネタがパッケージとしてわかりやすくするためにも使うようになりました。

これもどんなフレーズにするかすごく悩みました。

最初に候補に上がったのは「濡れました」や「滲みました」。しかしこれだとあまりにも直接的で思想や情緒が感じられません。それに女性器が笑いにならないのと同じように、女の汁っけはもっと笑えません。どの青春時代を切り取っても、うっかり発したときの怒られ具合も男性器とは比にならず、それで手を叩いて笑っていた時期はありません。「とにかくダメ！」と、どうしてダメなのかうまく言葉で説明できる大人はいませんでしたが、親や先生のしつけが大人になっても根付いている日本人の従順さが下ネタを楽しむ上での要になり、その一線を超えると一気に白けてしまいます。

そこでもう少し柔らかくするために「赤くなりました」「染まりました」が上がり、もう一つネタっぽくてもいいのではということで「芽吹きました」というワードが生まれました。ちょうど時期的に春というのもありましたし、品や趣があるのがまたくだらなくて気に入ったのです。「芽吹きました」って「何が⁉　どこが⁉　どういう風に⁉」と一瞬想像してしまう無駄な時間にもすぐに愛着を抱きました。

そしてネタが終わりましたよ、の合図でジャケットを正しながら言う「ねづっちです」の部分。これは女子が着ているインナーか何か得体のしれないものをさりげなく持ち上げる仕草を思わず見ちゃう、という男子の意見からヒントを得て、おブラの位置を正すようになりました。

「堂々と直すな！」と気軽に突っ込んでもらえるように直接ブラは触らず、あくまで素振りですが、白々しい恥じらいは残します。

芽吹きましたも、おブラの仕草も、よくスナックのママさんなんかが、お手洗いに立つ際に言う「お花摘みに行ってきます」の面白さを目指しています。みなまで言えないから出来た隠語を、あえて堂々と言うことでいやらしさがなくなる可笑しさ。本当のことはずっと奥にありそうなママの熟練されたいじらしさを嫌いな人はいないはずです。

その一言ですべて台無し「エロ謎かけ」と呼ばないで

そうやって「ちんこ謎かけ」が、エロくて下品なものに転がらないようにしていても、いざラジオやテレビ、営業などで披露する際に結局「エロ謎かけ」と紹介されてしまうことが多々あり、悲しくてなりません。一個一個、自らの手で並べていったジェンガを通りすがりの他人の足で倒される悔しさがあり、全てが台無しなのです。

たまに台本で「お下劣女ピン芸人」と書かれているときには、本当に面白い舞台を作る気があるのか、そこに愛はあるんか？　と書いた人のセンスを疑います。

よく女性アーティストが歌やダンスのパフォーマンス力を上げるために体を絞り、その肉体美をより美しくみせるために、肩を出したり、丈が短いボトムを選ぶことがあると思うのですが、それを「ストリッパーに登場して頂きましょう」と紹介するようなものです。

それがエロか芸術か文化かは、見ている人が決めることで、作り手のこちらから提示するものではないと思うのです。

ときどき「下ネタ謎かけ」と書かれていることもありますが、それもネタバラシされているのと同じことなので拷問です。身一つでマイクの前に登場し、何をやるのかと伺っていたら「ちんこで解く」と言い出す妙が失われます。

こんなことを言うと面倒くさがられるので本当は言いたくありませんが、「下ネタ」だから適当に扱っていいという認識にときどき疲れてしまいます。

大事にすれば、上品になるものもたくさんあるのに、作り手が下品にしていることが多すぎるのです。

「あの～出来たらで結構なんですが、ちんこ謎かけと言って頂くことは可能でしょうか」

そんな時に、ものすごく申し訳なさそうにお願いすることは、その日の自分のネタの完成度を高める大事な工程です。

コンプライアンスとせめぎ合う面白さ優先の『ゴッドタン』

テレビ業界に置ける下ネタのコンプライアンスは、特に座学や講習があるわけではないので常に自己判断で行っています。

私が肌で感じる限りは、実に曖昧です。

「女性器」に関しては言わずもがなですが、それ以外の「言える、言えない」の判断は、番組や時間、制作する人によって常に変化します。

そこに出演者だったり、スポンサーさんが関わってくると、また少し厳しくなったりします。

が、基本的には今この本を読んでくれているみなさまが考える「これくらいならギリギリセーフだろう」というラインであながち間違いはないかと思います。

朝から20時くらいまではほぼアウト、21時からは要相談だけどほぼアウト、22時くらいから、言葉を選べばもしかするといける、23時から番組によっては三言くらいなら？　24時からはかなり言いやすくなる……。

私もこれくらいざっくり捉えています。

またテレビを観ていて「これはさすがにやりすぎなのでは……」と不安になるようなことがあれば、誰かしらが判断を間違えたのだと思います。

そのラインをいかにクリアするか、これがうまい人が「売れている人」なんだと思います。

とはいえ、そのラインたるや、年々厳しくなっています。さらに番組によって少し差があり、それも実に独特です。

以前、23時台の番組に呼んで頂いたときの話です。

「紺野さんのちんこ謎かけ、ぜひやって頂きたいんですけど、うちの番組、ちんこはOKですが、ちんぽは駄目なんですよ」

「大丈夫です！　私、ちんこでしか解かないと決めてるので！」

「なかなか今厳しくなってますが、ちんぽにだけ気を付けて頂いたら、あとはOKもらってるんで！」

「はい、私ちんぽなんて下品なもので解いたことないので絶対大丈夫です！」

と挑んだ収録で、言っちゃいけないと意識しすぎた私は、その強迫観念からか「ちんぽと解きます！」となぜかやってしまったのです。

終わってから大人の人たちに囲まれ、

「なんでちんぽって言ったんですか‼　なんで！　ぽって！　言ったんですか！」

と叱られ本当に恥ずかしい思いをしました。

もちろんカットしてもらい、ことなきを得ましたが、こういった「ちんこ」はいいけど「ちんぽ」はダメ、「エッチ」はいいけど「SEX」はダメなど、スタッフさんが出演者が下ネタを言えるように、本来ダメだった用語を言い方を変え、上と話し合い試行錯誤をしてくれていることも多々あります。

そんな戦いが繰り広げられている中、ちんこに規制音を入れてないのが、テレビ東京の『ゴッドタン』ではないでしょうか。

「ちんこ」に規制音をかけずに放送している数少ない番組です。

とはいえ、ゴッドタンで「ちんこ」如きに規制音をかけると余計いやらしく聞こえるような気がするのは私だけではないはず。

その理由はおそらく、ゴッドタンこそ前述した「中学生男子のちんこの皮の輪」の具現化だからだと思います。それも天才たちが作る「ちんこの皮の輪」です。「ちんこ」という面白コンテンツに規制をかけるなんて、そんなもったいないことするわけがないのです。芸人にはゴッドタンに呼ばれると嬉しいという共通認識がありますが、まさしく「中1の時に中3の先輩の集会に呼ばれた感」があります。

それは視聴者の方にも伝わってるようで、「ゴッドタン観ました!」と声をかけてくださる方のその目は決まって、「放課後、中3の人達と歩いてましたよね⁉」に似ているものがあります。

そのゴッドタンの打ち合わせたるや、真剣そのものです。

以前、私が「ジャップカサイ」というタイの睾丸マッサージを覚えたことがあり、それを打ち合わせで相談したところ、どう伝えたら一番面白くなるかスタッフさんが一緒に考えてくれたんです。

「まず大前提にタイでは健康方の一つで神聖なものとして扱われ、決して性感マッサージではない」ということを伝えること。

そして「直接的な手の動きをやると笑えないのでコミカルにあえて雑に手を動かし、最後果てる瞬間を舌を鳴らし、指でピョン！っと可愛く表現すること」

これで私のジャップカサイは実に馬鹿馬鹿しくなり、中3の先輩たちに「なに今の⁉」と笑ってもらえるものになりました。

下ネタを言うものにとって理想郷のようなゴッドタンですが、大前提にめちゃくちゃ面白くないとダメという条件付きなので、そういう意味では「下ネタ禁止」と言われる現場よりも緊張して望んでいるかもしれません。

自ら損をしている
下ネタで笑わない女性

ライブでちんこ謎かけをやっていると、時々客席に見かける「まったく笑わない女性」。もちろん私を観にきたわけではないのでしょう。

とはいえ、まったく笑わないどころか、こちらを睨みつけ、もはや怒りすら伝わる状態。下ネタが嫌いという女性が一定数いるのはもちろん心得ていますが、ここまでくると、

「目当の男芸人が見てるかもしれないのにどうリアクションしたらいいのよ?」

と怒っている可能性が高いです。

そうなると「大衆の前でちんこと言う芸人の私」よりもこの「好きな男の前でちんこなんて見たことも聞いたこともないフリする女性」のがよっぽどいやらしいの

では？　と思ってしまいます。

「ちんこ」と聞いただけで不自然なリアクションをするということは「あのときのちんこ」「あんなときのちんこ」を頭で想像してしまっている可能性が高いです。

下ネタを聞いて笑ってる女性は一見、男に手慣れていて淫らなイメージかもしれません。

しかしいちいち想像せず、なんかよくわかんないけど笑っちゃう「自然体で、損得がない人だな」と個人的には捉えています。

下ネタで笑う女性よりも、恥ずかしがる女性の方が男ウケはいいはずで、笑う女性は媚びてるようでむしろ真逆の行動を取っています。

「下ネタをいう女は実は堅い」なんていう説もありますが、あながち間違ってもいないかもしれません。

男芸人が、気心知れた女芸人の前では下ネタをガンガン言うのに、綺麗な女優さんの前ではおくびにも出さないのを見てわかるように、女性も目当ての男性の前ではおしとやかにハンカチで口元を拭き、そうでない男性の前ではコンポタージュの缶の残った一粒のコーンを口に落とし込もうと、底を叩き続けます。

下ネタを言ったり笑ったりするのは、その日は目当ての男性が近くにいない可能性が高く、モテようとしていないだけなのです。

「下ネタを言われる＝今夜はない」と諦めて、お互い大人な会話を楽しく進めていくほうが賢明です。そういう女性とは安易に体の関係になるよりも友人として付き合っていくほうが、後々プラスです。

モテようとしてない女というのは、やはり女性に好感を得ますから交友関係も広く、いい出会いをもたらしてくれるはずです。

また、たまにいる下ネタで笑わない女性タレント、これもまた仕事をする上で少し厄介です。

こちらはあんたの「クレヨンしんちゃん」や「アンパンマンのチーズ」などのものまねを暖かく見ていたのにそりゃないぜ、という気持ちも隠しきれません。

特に、自分のグラビアは「作品」と言うのに、わたしのちんこ謎かけは「エロネタ」というようなタレントは絶対に下ネタで笑いません。自分の肉体や表情にさぞ自信があるのかわかりませんが、わたしのちんこ謎かけをエロネタと決めつけるなら、君のもエロ本であり、おかずと呼ぶべきでは⁉ と怒り心頭してしまいます。相手が怖い事務所だったら終わるので、言う勇気なんてもちろんないですけど。

確かに笑うことでイメージを汚すなどの懸念はあるかもしれませんが、実は、潔く笑ってしまったほうがイメージはよくなります。実際いま活躍されている女性タレントで、下ネタ絶対NGっていう方って稀ではないでしょうか。丁度よく笑うか、適度に乗っかるかしています。

そして下ネタで絶対に笑ってはダメなアイドルの方ほど、チャンスだと言わんばかりに笑うのを堪えるポーズをして周りに突っ込まれるのを待ったり、まったくわからないという素振りをすることで実はわかっているという意味になるようなシャレをきかせてくるように、そっちのが絶対にイメージ戦略として得なんです。あまりに自分のイメージを優先するとかえって逆効果だと思いますよ。

営業はまさに戦場　場に合わせたネタ選び

よく営業で、会社の忘年会などに行かせて頂きます。

その中には、男性ばかりの会社で傾向としてイカツめなお兄ちゃん(反社ではありません)がいっぱいいることがあります。一見すごく私のネタと相性がいいように思われるでしょうが、意外とそうでもありません。

そういうときこそ私は、「これは一筋縄にはいかないぞ」と身構えるのです。

私が、街を歩けばみなが顔を指すような大スターであれば、こんな不安なんてないのでしょう。出てくるだけで歓声が沸き、みんながこちらの持ちネタを理解している状況であれば、です。

悲しいかな、私はそこに到底及びません。男性ばかりの会社で、さらには体育会系のノリの会場で、知らない女が一人でワンピースを着て出ていくと「お？　お？脱ぐのか？」と意図せぬ期待をされ、少々悪ノリが入ってしまうことがあるのです。

そこで「ちんこ」と発したら、もうお祭りです。

「女性器で解いてくれー！」

「俺の膝に座ってくれー！」

「俺も舞台にあげてくれー！」

と、アメリカの刑務所みたいにもう収集がつきません。

同音異義語で解く謎かけなんて誰も求めていません。

こうなったら私はもう開き直って、一人ずつ舞台に上がってもらってお話を聞くスタイルにします。

「どこからきたんですか？」と聞いても「ちんこです」としか答えてくれないことなんてよくありますが、それでも会場が笑っているなら、それでいいと思っています。「金を稼ぐために下品なことを言ってる謎の女」としか捉えられてないことは悲しいですが、短い時間でお金を頂いている以上、プランを変更して盛り上げなければいけません。

では、どんな営業現場が自分にとってやりやすいかというと、実は男女混合の少しお堅いイメージの企業です。女性は全員眼鏡をかけていて、黒かグレーのスーツに両手でお茶を飲むようなご婦人方。

一見、拒絶されるのではと構えますが、私が「ちんこで解く」意図みたいなものをその場で瞬時に汲み取ってくれ、うまく解けた時は驚いてくれる。うまく解けず

「今のソチンだったのでやり直します」と言うと少し残念そうな顔をします。最後の方には、わざわざ挙手をしてお題を出してくれたりして、それを見て、普段の姿とのギャップで周りも盛り上がるという一番いい循環が生まれます。日常では下ネタを発しないからこそ、その場の無礼講を楽しんでくれているのかもしれません。

営業で下ネタをするというのは、このように中身が開けるまでわからない、バクチに近いところがあります。

また、出されるお題も各地様々で、中肉中背の特に特徴のないおじさまを指差して「あそこにいる佐藤さんで解いてよ！」なんて言われることも多々あります。

そんな時は必殺「佐藤さんがもはやちんこなので解けません」です。

これをいえば身内は絶対盛り上がります。

「佐藤さんちんこだってよー!!」とおそらく社内に帰ってからも言われ続けてるでしょう。

こういう自分の中で正解があるものはむしろありがたいですが、怖いのは、その土地の観光地やご当地名物なんかを出されて「ポカン」としていると、一気に白け「無知な上に下調べもしてない」恥ずかしさも相まって、膝から崩れ落ちそうになります。こうなったら仕方ないと、割と何にでも当てはまるような解き方をすると「それユーチューブで観たよ」なんて野次が飛んできたりして。「バ、バレた！」と動揺してしまったら最後、みんな私に興味を失い、各々で喋り始め、学級崩壊のような状態に陥ってしまうこともあります。

途中で百恵ちゃんみたいに舞台上にマイクを置いて逃げようと思ったことも数えきれません。

営業こそ戦場です。

男根神社でさらに覚醒する信念

第二章の最後に少し触れさせていただいた男根神社、なぜ私がそこを好きになったのかは後々ご説明するとして、まず知らないという方のために、私なりに解説させていただきます。

男根、そこには子孫繁栄（子授け）、安産、五穀豊穣、商売繁盛などとても神性な意味があります。それを祀る信仰は縄文時代から根付いており、今でも木彫りで出来た男根や、石像を置いている神社はたくさんあります。

地方に行けば行く程、その御神体は大きくなる傾向にあり、私が訪れた中だと、特に愛知県の田縣神社は境内に入ると目の前にすぐ大きな男根が出迎えてくれ、その数も多いです。

また関東近辺だと、川崎にある金山神社にも大きな御神体がたくさんあり、また毎年4月の第1日曜日に行われる「かなまら祭」は、それらを担ぎ川崎を大々的に練り歩くことで縁起がいいと海外の方からも愛され、多くの方が訪れることで有名です。実は私もこの「かなまら祭」に行ったことがきっかけで、次の年、男根の前を歩く「猿女君(さるめのきみ)」を努めさせて頂いたり、以前東スポ(東京スポーツ新聞)で持たせて頂いていた連載「毎日ちんこ謎かけ」の最終回もここで撮影をしていたりと、かなりお世話になっています。

あまり知られていませんが、実は東京にもいくつもそのような神社があるのをご存知でしょうか? 地方とは違い東京の男根は実にひっそりとした御神体が多く、気付いていないけど実は自分の近所の神社にもあったなんていうことが結構あったりします。

たとえば新宿区にある花園神社。近郊にお住みの方は行ったことがある方も多いと思うのですが、正面から入って右手にある鳥居の奥にも立派な木彫りの男根が祀られています。

さらには参道の途中にも大きな石に紛れてひょっこり石像の男根が顔を出していたりします。

板橋区にある天祖神社なんかは、伊集院さんたちと訪れた際に、探せども見つけられず、「私こっちを見てきますね」と境内を手分けして探し続けること10分。ようやく「ありました！」と発見できるくらい奥地にあり、さらには柵が設けられていました。

また池袋水天宮は、置かれているお地蔵さんの後ろ姿がよく見ると男根の形をしています。

都内の男根はどれも人目に触れることを避けているかの様に置かれています。

なぜ堂々と置かないのかと、その理由を各所で尋ねるとやはり「いたずらする人が多いから」とのことで、男根の形を見ただけで、その意味合いを全く汲み取ろうとせず、ふざけたものだと石を投げられて破損したり、落書きなどされてしまうことがあるそうです。以前、テレビの取材を受けたら、石像にモザイクをかけられるという不当な演出をされ、気を悪くしたというお話もありました。

しかし同時に、それらの形が持つ力を信じ、切なる願いを持って手を合わせに来る方もたくさんいらっしゃるのも事実です。

私が東京の男根の御神体が好きな理由はここにあるのです。

雨にも負けず、風にも負けず、そこに存在する姿は、需要が生んだ歴史を現しています。知る人ぞ知る文化でありながらも、ときにその存在ごと否定されてしまう危うさは下ネタが持つ二面性とどこか似ていて、心通わさずにはいられないのです。また誰かに守られたり、求められている姿を見るとホッとするのでした。

第4章 ちんこ謎かけの作り方と使い方

謎かけを作るために必要な思考回路

ちんこ謎かけをしていると、よく人に「どうやって作ってるの？」と聞かれます。

実はこれ、ちょっとしたコツさえ掴めば、誰でも作れるようになります。

ここでは、そんな「ちんこ謎かけ」の作り方をお話したいと思います。

謎かけはお題と答えにかかる同音異義語を探す遊びです。橋と箸みたいな、いわゆるダブルミーニング。これらを探していくと、実は脳トレにもなるという優れものでもあるのです！

それでは、まずは普通の謎かけの作り方から見ていきましょう。

例えばお題が、プレゼントだったとします。

プレゼントとかけまして××と解きます
その心はどちらも△△です

この穴埋めをしていくのですが、まずプレゼントに関連する言葉を考えます。
これがそのまま△△の部分、つまりオチになっていきます。
謎かけはオチから考えていきます。
プレゼントと言えば何でしょうか？　思いつく言葉を出してみます。
箱、リボン、包装……
ほうそう……放送！
別の意味を持つ言葉を見つけました。
放送といえば……テレビが浮かびます。
これを××の部分に入れればいいので、もう完成です。

プレゼントとかけまして
テレビと解きます
その心はどちらも、そこに包装（放送）があるでしょう

ただこれ、運良く最初の方に包装と思い付けばいいですが、プレゼントといえば……？　と考えたときに、最初に「JITTERINʼJINN」が思い浮かんだら軽く地獄です。

「ジッタリンジン」
「じったり、んじん」
「字、ッタリん人」
カタカナや平仮名、句読点を打ったりして考えても、同音異義語が出なさそうな

ら、いくら'90年代を席巻したバンドとはいえ、JITTERIN'JINN は捨てた方がいいでしょう。

同音異義語が出なさそうってどの段階で見切るの？　と思うかもしれませんが、それは単純に「少し考えて浮かばなかったら次！」でいいと思います。

ここでJITTERIN'JINN にこだわって、

「じった、りんじん……隣人……いじった、隣人……」

なんてやっていくと一生解けません。隣人に悩まされて終わります。

謎かけは言葉を捨てる作業だと思ってます。捨てるのが速ければ解くのも速くなります。

思いついた言葉に捉われず、潔く捨てていけばピタッ！　とハマる言葉がいつか出てくるんです。

このピタッとハマった言葉を見つけたとき、こんまり（近藤麻理恵）さんの片付けの魔法ばりに、正しい場所に収納されていく気持ちよさがあるんです。

麻雀の牌みたいに、どんどん捨てて、また新しい牌を取る感覚といいますか。

単体では意味を持ちませんが、相性のいい牌が揃うとツモれる感覚です。

(麻雀やらないのでこのたとえ多分間違っています)

謎かけは捨てる作業！　これを合言葉に次のお題をやってみましょう！

それでは、お題〝ビール〟で解いてみます。

ビールといえば？　私は「ジョッキ」が浮かびます。ジョッキと聞いて何を思い浮かべるか。そういえばお馬さんに乗ってる人のことをジョッキーと呼びます。

たぶん整いました！

ビールとかけまして

競馬と解きます

その心はどちらもそこにジョッキーがあるでしょう

となるわけです。

もちろんこれでもOKです。

再従兄弟くらいまでなら小さく「お〜」と言ってくれるでしょう。

しかし、ピタッ！　という印象はありません。

そもそも、ビールのジョッキをジョッキーって！　誰の許可もらって語尾伸ばしてるの？って感じじゃないですか？

こういうかかりきっていない単語を見つけると、「足の中指だけ伸ばしてみて」って言われてるような気持ち悪さを覚えます。

さらなる高みを目指して、潔くジョッキは捨てていきます。

ビールといえば？　やっぱり泡ですよね？　泡ないと寂しいですよね？　この音

どっかで聞き覚えがあります。あわないとさみしい……漢字にすると？ 「会わないと寂しい！」といえば？ 恋人!!

整いました！

ビールとかけまして

恋人と解きます

その心はどちらも、泡ないと(会わないと)寂しいでしょう

→ねづっちのです！(↑これはナイツさんのです)

何とも粋な連想ゲームです。

さあそれでは、ここからは「ちんこ」のみで解くという縛りをつけていきたいと思います。

同じビールというお題で参ります。

ビールとかけまして
ちんこと解きます
その心はどちらも△△です

もうここまでは決まっています。
やはりここでもオチから考えます。
ビールで思い浮かぶものを先ほど同様、挙げていきます。
ジョッキ、泡、黄色、冷たいのがいい……。
次にこの中からちんこと共通点のある同音異義語になりそうなものを探します。
この中にはなさそうと思ったらすぐ捨てます。

「ビール」といえば何でしょう、もう一度考え直します。
……瓶、缶、だけどやっぱり生がいいよな〜。
ビン、カン、生がいい……。
もうこれは説明不要で、芽吹きました！

ビールとかけまして
ちんこと解きます
その心はどちらも、瓶、缶（敏感）なのもあるけれど、やっぱり生がいいでしょう
と完成します。
ちなみにこの謎かけは乾杯の際にやると、天井が突き抜けるほど盛り上がります。言いすぎ（笑）？

どんな飲み会にも使えるので、お試しあれです。

ちんこで縛っている分、捨てる単語が多く一見難しいように感じるかもしれませんが、これがやればやる程、ちんこにかかりそうな単語に気付くのが速くなります。それは聞いている方も同じです。

時々舞台に立っていて（↑この立つを勃つに変換してしまった人は素質あり！）「ちんこ謎かけ」が何問目かになると、私が「そのお題はさっきのとかぶってますよ」と何気なく言っただけで、「かぶってる」が下ネタに聞こえてしまったお客さんからクスクスと笑い声が聞こえるというようなこともしばしばあります。

「（お題を）出したいよ！　っていう人、挙手をお願いします」

「今の（お題）飛ばしますね」

「折れずに頑張ります」

言っただけで勝手に下ネタに変換して笑ってくれる確変状態。

人がこの状態になることを私は「チンコーズハイ」と呼んでいます。

人間の脳は普段10％も使われていないと言われていますが、こういった下ネタ変換機能も確実にみなさんの中に眠っています。

日本語とは基本「あいうえお」の五つのみの母音で発音されるため、他の国の言語よりも同音異義語が多くなると言われています。

前後の言葉でも意味合いが変わってくるので五つのみの母音でコミニケーションが取れる言葉豊かな私たちには、備わっていて当然の機能です。

私でいうと、365日基本ちんこの仕事をしているので、常にチンコーズハイな状態です。

ちんこ謎かけが生んだ奇跡
人を救って自分も救われる

そんな中で私が幾度となく出会った、日本語とちんこ謎かけが生んだ奇跡を解説付きでご紹介させて頂きます。

自分が考えたネタを解説するのは本来芸人として恥ずかしいことなのですが、これら謎かけに関しては考えたというより、最初からかかっていたものに私が気付いて代表し発表させてもらっている意識が強いのです。昔の人が残したメッセージを読み上げ感想を言っている感覚です。

なので、どんどん参りたいと思います！

裁判とかけまして

ちんこと解きます
その心はどちらも、判決（ハンケツ）想像して傍聴（膨張）するでしょう

これは実に気持ちよくかかっています。

裁判というお堅い場所で、スケベなことを考えてしまう人を想像して、可笑しくなってしまいます。

エロ度よりもマヌケさのが勝るハンケツごときで膨張してしまうウブさも微笑ましいです。

スポーツとかけまして
ちんこと解きます
その心はどちらも、点が（TENGA）つきものです

何がいいって、接続詞である「が」まで綺麗にかかっている気持ちよさです。ファンタスティックです。TENGAというワードも謎かけにのせるとカラッとして聞こえるのも快感です。そしてこの謎かけは、スポーツ以外にも、テストだったりにもかけられる応用力があります。TENGA最高です！

接続詞までかかっているもので言うと、

ギターとかけまして
ちんこと解きます
その心はどちらも、元気になるでしょう（弦、気になるでしょう）

なんかも気持ちがいいですよね。

このように同音異義語で解くのと別で謎かけにはもう一つのかけ方があります。

芸人とかけまして
ちんこと解きます
その心はどちらも、噛むと怒られるでしょう

と共通点を提示するものです。
普通の謎かけでも使える手法なのですが、ちんこだからこそ、その人の実体験や、感想、自虐が入って笑いやすくなりネタになります。
同じ「噛む」でも思い浮かぶ情景が全く違う面白さに、ちんこ謎かけの醍醐味があります。

たとえば、

芸人とかけまして

ちんこと解きます

その心はどちらも、優しく突っ込まれると好きになっちゃうでしょう

みたいに嗜好が出るのも喜ばれます。

規定のルールはないですが、お題とちんこの真新しい共通点があり、第三者が聞いて納得すれば謎かけは成立したことになります。

同音異義語が思いつかない場合、このやり方は非常に便利です。

私もうまく解くより想いを伝えた方が喜ばれそうなときはこの方法を使います。

友人が結婚したおめでたいシュチュエーションでは、

お二人の結婚とかけまして
ちんこと解きます
その心はどちらも、太く長く続いていくでしょう

なんていうのを贈ったりします。

また「結婚には三つの袋が……」という鉄板ネタがあるように、お祝いの席には程よい下ネタは結構喜ばれるのでおすすめです。みんなの緊張もほぐれますし、自らリスクを背負って発する姿に、新郎新婦と友人からは拍手が贈られます。ポイントは絶対に親族がいる一次会ではやらないことです。

また以前、女友達が失恋した際、泣きながら電話をしてきたことがありました。四年感越しの想いを伝えたら振られたと一向に泣き止まないのです。

私もだんだん泣けてきて自分に出来るのはこれしかないと一か八かで、

失恋して泣いている○○ちゃんとかけまして
ちんこと解きます
その心はどちらも、いつまでもしょんぼりしていないで
早くたちなおって欲しいでしょう

と言ったら、「ありがとう、すごく助かった」と笑ってくれて私が救われた気持ちになりました。

謎かけと聞くとうまいこと解かなければ！　と思いがちですが、このように意外と思いをそのまま乗せて解いた方が喜ばれたりします。
ちんこ謎かけなんて特にその節があります。みなさんもぜひ自分だけのちんこ謎

かけを考えてみてください。思った以上に楽しいです。

最後にこんなエピソードも。以前、私のツイッターにこんなリプライが届きました。

「紺野ぶるまさん、僕は某企業に務めるサラリーマンです。毎日満員電車に乗り会社に向かい、やりたくもない仕事を続ける中で行き着いた先は、死でした。そんな思いを抱える中、紺野さんのちんこ謎かけをみて、笑うということを思い出しました。もう少し頑張ってみようと今は前向きな気持ちです」

またしてもちんこ謎かけを通して私が救われた瞬間です。

すぐに、

「ありがとうございます。お仕事、お疲れ様です。生死(精子)をかけてお仕事されていたんですね。ちんこだけに」

と返しました。その後、返信こそきませんでしたが、ご存命だと信じております。

この場を借りて、今一度、

「せいこうを目指して頑張って下さい」

とチンコーズハイなこと前提でお伝えさせて頂きますね。

喜んで貰うためのちんこ謎かけのコツ

よく「本当にすべて即興なのですか」と聞かれることがあります。

基本的にはすべて即興ですが、バラエティーなどで「この人とちんこで解いてくれ」なんて言われたときは少し違います。

情報が少なかったり、まったく知らない方の場合は誰にでも当てはまるようなことを言うしかないからです。

そういう意味では、少しインチキな占いに似てるかもしれません。

あくまでそれがバレないように即興で解いているようなツラをして披露すること
もときにはあります(なぜこんなに手の内を晒してるのかわかりませんがこの本を
買ってくれた人への誠意かと思って書いてます)。
たとえば、その方がアイドルグループに入っている場合。

○○(人物名)さんとかけまして
ちんこと解きます
その心はどちらも
ポジションを気にするでしょう

しかし、グループに入っているなどの情報さえないときは、

○○（人物名）さんとかけまして
ちんこと解きます
その心はどちらも
立ち（勃ち）姿が美しいでしょう

まずこれを言っておけば間違いありません。

男性の場合は嫌な気がしませんし、女性の場合も顔を手で押さえながら恥ずかしがる様子が可愛らしくなるのでお互いにウィンウィンです。ちょっとイジっても大丈夫そうな人が対象だったら、こんなのもいいかもしれません。

○○（人物名）さんとかけまして
ちんこと解きます

その心はどちらも
近くで見るとシワがあるでしょう

あ、この人は立てておいた方がいいな、という女性が対象の場合は

〇〇（人物名）さんとかけまして
ちんこと解きます
その心はどちらも
真珠が似合うでしょう

下ネタの度合いで言えば、後者のほうが断然強いのに、毒がまろやかになるのが不思議です。

下ネタを入れると毒の要素は抑えられますが、逆に毒が強くなると下ネタの度数が下がるという反比例を起こすんです。

◆後輩を怒った後のアフターケア

こんなに楽しい「ちんこ謎かけ」。使ってみたい！　でも作るのは自信ない……という方のために、どんなときにどんな「ちんこ謎かけ」を使えばいいのか、シチュエーション別でご紹介していきます。ぜひ使ってみて下さい！

どうしても後輩などを叱らなければならない場面もありますよね。でも大事なのはそのアフターケア。放っておけばギクシャクしたまんまの後輩との関係を良好にするために、このくらいのユーモアが必要です。励ますように、そっと添えてあげるように言えば、部下に思いが伝わりますし、自分自身の罪悪感も軽減されます。

失敗とかけまして
ちんこと解きます
その心はどちらも
しごかれて大きくなるでしょう

◆勤務中にイライラしている人に贈る言葉

たくさんの仕事に追われたら、人間誰だってストレスが溜まり苛立つものです。

とはいえ、「ふぅ」と一息入れれば、実はそこまで考え込むことではない、なんていうこともよくあります。

そんな真面目で責任感が強い頑張り屋さんには、こんな謎かけをプレゼントして一笑いしてもらいましょう。

もしかしたら、余計怒られる可能性もありますが責任は負いません。

〇〇さんとかけまして
ちんこと解きます
その心はどちらも
なんだかカリカリしてるでしょう

◆怖い上司のご機嫌をとるとき

上司とちんこを上手くイジれるようになって初めて社会人として一人前です。

飲みの席や何かの節目に、いつもは少し怖めの上司に思い切ってこんな謎かけを披露してみてはいかがでしょうか。

また上司との付き合いが終わった後の、同期との二次会で披露してもお互いを労えるかもしれません。

上司とかけまして
ちんこと解きます
その心はどちらも
上手くたててあげたいでしょう

友人編

◆久しぶりに友達と偶然の再会をしたとき

知り合いに道でばったり再会すると嬉しいものですよね。

とはいえ久しぶりすぎて何を話したらいいかわからないときもあるはずです。この謎かけを言えば、きっと一気に打ち解けつもる話が止まらなくなるはず。

再会したのが異性なら、そこからいい感じになる可能性も大いにあります。

再会する時点で、運命の糸を引いているわけですから、ちんこだけに。

「久しぶり、こんな所で何してるの？」
とかけまして
ちんこと解きます
その心はどちらも
たまたまぶらぶらしてた

◆遊びに行って別れ際に伝える言葉

平等なはずなのに、体感時間ってこれでもかというくらいバラ付きがありますよね。

大好きな人たちとの最後の締めに、こんな謎かけを言ったらきっと共感で盛り上がること間違いなしです。

普段は恥ずかしくて言えないようなことも、ちんこ謎かけにのせれば照れ臭くなく伝えることが出来ますし、思い出に残るはずです。

みんなといる時間とかけまして
ちんこと解きます
その心はどちらも
すぐに経っちゃう（勃っちゃう）
でしょう

◆部屋が汚い友達に

悩みごとや迷いがあるときほど部屋って片付かないものですよね。

そんなとき、私はまず悩みごとを解決する前に、部屋を掃除するようにしています。片付け終わる頃にはどこか心の中に答えが出ていたりして、本当に部屋は自分の心を映す鏡だなと実感します。

しかし、本当の汚部屋に住む人には、そんな自己啓発めいた戯言は効きません。

そんなときはこの謎かけを言って、明るい気持ちになってから諦めてた片付けを始めてもらいましょう。

汚部屋とかけまして
ちんこと解きます
その心はどちらも
清掃（精巣）が大事でしょう

春夏秋冬編

◆ポカポカ陽気の花見で

春の陽気に誘われて、お花見に行くのは日本人ならではの文化ですよね。

しかし、家族や友達、恋人などと行くのは楽しいものの、会社のイベントで行くお花見は、とかく気を使うものです。

ただ、そこは酒の場で無礼講。ふだんは気難しくて近づきがたい上司に、桜を見ながらこれを言えば、ぐっと距離が近づくはずです。

桜とかけまして
ちんこと解きます
その心はどちらも
川（皮）に沿って盛り上がるでしょう

◆開放的になる夏

夏は心も身体も開放的になる季節。若いときは羽目を外し過ぎて、ひと夏のアバンチュールに落ちる人も多いでしょう。

しかし、夏が終わったときに、ちょっぴり後悔してしまうなんてことも。

後先考えずはしゃいでいる友達へ、そっと浮かれた気持ちにストップをかけるように、優しく投げかけてはいかがでしょうか。

海水浴とかけまして
ちんこと解きます
その心はどちらも
SEA(C)までいくことを
期待するでしょう

◆食欲と性欲の秋

食欲の秋と言いますが、ちんこに結び付けられる秋の味覚はふんだんにあります。

代表格と言えば、マツタケ、秋ナス、栗あたりでしょうか。

ここで紹介するのは、不倫に悩んでいる女友達に、「奥さんよりもあなたのほうが魅力的」というメッセージをさりげなく伝える励ましのちんこ謎かけです。

とはいえ、不倫はダメ、絶対。

秋ナスとかけまして
不倫しているちんこと解きます
その心はどちらも
嫁には食わせません

◆人肌恋しくなる冬

盆と正月は一人でもいいけど、クリスマスは恋人と過ごしたいという人は男女問わず多いでしょう。

クリスマスが近づくと、慌てて合コンなどに参加して相手を探すこともあるかと思います。

たとえ出会いの場でも、ギラギラしていると逆にマイナスな印象を持たれます。落ち着き払った口調で、これを言えば大人の余裕を感じさせることが出来ます。

クリスマスとかけまして
ちんこと解きます
その心はどちらも
聖（性）なる夜を過ごしたいでしょう

学校編

◆保護者同伴で恥ずかしいときに

授業参観や三者面談などで、自分の親をクラスメイトに見られるのは気恥ずかしいものです。ましてやクラスで親から名前を呼ばれた日には、どうリアクションしていいのかわからなくなります。

そんなときの照れ隠しに、もしくは友達が羞恥で顔を赤らめているときに、発する優しい言葉です。

保護者とかけまして
デカいちんこと解きます
その心はどちらも
息子（ムスコ）を自慢したがるでしょう

◆悠々自適な大学生へ向けて

学校にも小学校から大学までありますが、大学って楽しそうでいいですよね。

そんな大学生にもいろんな人がいます。

自分で学費を稼いだり、研究に熱心だったり。しかし、この謎かけは、親の金で悠々と暮らし、サークルや酒に溺れる大学生にお見舞いしてやりたいです。

そうすれば、羨ましい気持ちも少し収まるはずです。

大学生とかけまして
ちんこと解きます
その心はどちらも
しお、くり（仕送り）に
期待するでしょう

激励編

◆同僚の転職や独立の背中を押す

勤めている会社を辞め、転職や独立するのは誰でも不安なもの。でも、心機一転頑張りたい！　そんな同僚を見かけたら、この言葉を贈ってあげましょう。

ちんこの前に相手の名前を付け加えることで、憎まれ口を叩きながらも、実は仕事もプライベートも応援している気持ちが伝わるはずです。

独立（転職）とかけまして
○○（相手の名前）のちんこと解きます
その心はどちらも
がんがん稼いで（仮性で）
いく（イク）でしょう

◆もしも紺野ぶるまに遭遇したら

ここまで散々偉そうに下ネタ論を語ってますが、毎日すべったり凹んだりを繰り返すひよっこ芸人の私です。

なかなか街で顔を指されることもないですが、基本死んだ魚の目をしてる私を見かけたらぜひこの謎かけで鼓舞して欲しいです。

またこの謎かけは落ち込んでる人や、これから頑張るぞ！　という人には、かなり有効で万能なので相手に喝を入れたいときなどにも、ぜひ使ってみてください。

紺野ぶるまとかけまして
ちんこと解きます
その心はどちらも
もう一皮むけて欲しいでしょう

第5章 日常生活における下ネタ

内輪でのみ輝く日常の下ネタ

ここまでは私が普段、お金を頂戴して舞台で下ネタをやる際に気をつけていることをお話させて頂きました。下ネタこそ繊細で芸に昇華しなくてはならないと釘打ってきましたが、日常ではそこまでクオリティーが高くなくてもウケるし、楽しめるのが下ネタです。本の冒頭でもお話しましたが、下ネタは本来内輪ネタで、内輪こそ下ネタが一番自由に泳げる水槽なのです。

私も普段気心知れた人の前で使う下ネタなんて、それはそれは他人が聞いたらひどいものです(笑)。普段仕事で気を張って下ネタをやっている分、その落差たるやです。むしろ中途半端な下ネタは話しません。知り合いのこだわりの強いイタリアンシェフが、家では面倒臭くてインスタントラーメンしか作らないと言っているのを聞いたことがありますが、そのラフさにすごく似ています。

すごい仲いい芸人の楽屋では「今日のライブのお客さん、生理2日目くらい重いわ〜」とか、平気で禁断の生理話を持ち出しますし、賞レースの決勝について語るときも「何千人がいる中でそのうちの何人に選ばれるってそれもう着床くらいすごいことじゃない？」とか。

……文字にするとなお、そのひどさが増すのでこれ以上は割愛させて頂きますが、インスタントラーメンの手軽な美味しさを楽しむように、普段の緊張感があってこその一個乗っかてる面白さがそこにあります。自分で言って自分で大爆笑しているのですが、舞台上とか、芸人じゃない友人の前でやると、総スカン食らうんですよね。

これは私が芸人だからと言うわけではなくて、どんな人にも言えることだと思うんです。

たまに飲食店なんかで大きな声で下ネタが聞こえてきて不快感極まりないことがあります。こちとら知らないおじさんの性癖なんて一切聞きたくないのに、普段のその人を知っている人からすると、色々フリが聞いているのか、とにかく楽しそうです。

自分たちが面白いと感じるものほど、第三者が聞いたら全然面白くないのが、日常の下ネタです。内輪から一歩外に出たら一気に輝きを失うことを忘れてはいけません。

たまに合コンなどの異性がいる場で内輪ノリをそのまま話す男子がいますが、こぞって滑っています。私の着床のたとえくらい滑っています。

モテる下ネタ
モテない下ネタ

では合コンなどで男性が言ってウケる下ネタ、つまりモテる下ネタってどういうものを指すのでしょうか。大前提に、育ってきた環境に男性があまりいなかった女性や、過去に下ネタで嫌な思いをした人、また性に関して何か強い想いを抱えていてフラットに話せない人がその場にいる可能性がありますし、その場では笑っているように見えて、我慢している場合も大いにあります。これらに注意するのも下ネタの絶対条件です。その場でどれくらいの下ネタがいけるかは、その人の思いやりや想像力にかかっています。

また女性は下ネタを言うことで身が削れる恐怖感があり、ある種男性と下ネタを共有する上でフェアじゃありません。その環境下で下ネタでモテるには、実は下ネタそのものよりも、その前の土台作りが大事になってきます。

そこで重要なのが「女性を褒める小ボケ」です。

モテない下ネタを言う人ほど女性を褒めたり、下手に出るのを嫌がりますが、それさえ上手に出来れば、割と何でもモテる下ネタに転がります。

これが極端にうまいのが男芸人です。それは売れている、売れていないはあまり関係ありません。決してお金もない、イケメンというわけでもない男芸人に、女性の影が絶えない秘密はここに隠されているのではないでしょうか。相手を喜ばせ、面白くあること至上主義な彼らは、プライドを持たないことをプライドとしているので、これらがいとも簡単に出来てしまいます。そして結果、彼らが勝つのです。

横で見てきた彼らのテクニックの中から、日常に反映できるものだけを抜粋しつつ、モテる下ネタを解説していきます。

まず飲み会の冒頭は「髪の毛綺麗ですね、椿のＣＭ出てました？」とか「何時の電車に乗ればあなたに会えますか？」などがオススメです。

褒められて嫌な女性はいませんが、あまりに露骨だと小慣れているように見えて鼻につきますし、小馬鹿にしているようにも見えるので初めてそのセリフを言っている演技が必要です。

お笑いも何度もやっているネタにこなれ感が出ると全くウケなくなります。なので、毎回初めてそれを見たかのような「なんじゃこりゃぁぁぁぁ」を日々練習しています。

それらの演技力を持って褒め殺しです。これらが後々の下ネタに女性が寛容になってくれる効果があります。

そして気の強そうな女性ほど褒められるとすぐに気を許す傾向にありますので、ビビらずにガンガンいくのが吉です。

ある程度時間が経ったら、

「手、綺麗ですよね、ハンドクリーム何使ってるんですか？　アトリックスですか？」

と、ここでもロクシタンなど小慣れ感は避け、笑いを取ります。

それが少しでもウケたら、

「その手で何人の男をビンタしてきたんですか、自分もいいですか？」

「ドMじゃん!!!」

とこのように女性から「ドM」と言う三文字が引き出せたら今夜は勝ちです。

「いや、自分、夜はドSです！」

とカラッと返せば少なからず何人かの女性はドキッとします。

どんなに強がっていてもMっ気のない女性はあまりいないですし、少なからずそれまで面白いだけだったその人の夜を想像するからです。

この程よい色気こそモテる下ネタと言えるのではないでしょうか。

他にも、

「みなさんってどんな素敵な男性と付き合ってきたんですか」

と、いい恋愛している前提で異性の話に入るのもオススメです。あくまでその人自身に興味があるのであって、下ネタに移行する気配を感じさせませんし、そこで性格のいい素直な子がいれば「私男運なくって〜」と自ら元彼の浮気話をはじめ、自然に夜の話になりやすいです。冒頭の褒め殺しで信頼関係が出来てる分、相当行き過ぎなければ拒絶されることはないと思います。

男性の話す風俗話には話術が必要不可欠

男性って風俗に行った話を楽しそうにしますが、これこそ異性の前ではモテない下ネタに転がりやすいのではないでしょうか。

「全然好みじゃない風俗嬢が出てきてさ」と明らかに上から目線で話されるのは不快ですし、向こうは仕事なのに人数にカウントして元カノかの様に語っているとダサいなと思ってしまいます。

どんな会話でも自分を大きく、よく見せようとする人にいい印象って受けませんよね。

特に男性の下ネタは男性を象徴するそのものな分、それが浮き彫りになる気がします。

だからこそ、いつだって等身大、いやそれよりも少し小さくないと笑えないのかもしれません。

故に風俗話で笑えるのは自虐や失敗談がメインではないでしょうか。

以前地元の男友達が、風俗で出会った女性が可愛くて恋をしてしまって、自分との時間だけはその子に仕事を忘れて欲しくてお店に行く度、何もせず会話を楽しんでいたら、こっちの方が拷問だと怒られたと凹んでいたんです。なんかウブだし健気だし好感を持てませんか？

よく芸人さんがテレビなんかでも風俗話をしますけど、大体がこういう悲しい話や、お世話になった話など風俗の方やＡＶ女優さんに感謝の念とリスペクトがあります。

お金を払って相手にしてくれている女神のようなお姉さん、というスタンスが言葉の端々に感じられて、そこに期待する可愛げや、一人でするロマンに面白みが感じられるのではないでしょうか。

男子を超える？女子同士の下ネタ

「女性同士の下ネタの方が男性よりもエグい説」あれ本当だと思います。

私は高校時代、半分だけ女子校に通っていたのですが、異性がいない分、生理の話も堂々としていましたし、彼氏との話もかなりオープンに報告し合っていました。男子との大きな違いはとにかく事細かに話すところではないでしょうか。

それが大人になり下ネタとなれば、サイズや形、行為も基本男が主導なものだから、どこかこちらが審査員目線です。さらに女子は、誘うまでのプロセスが雑だった、丁寧さに欠ける、アフターケア最悪など、基本減点方式で審査していきます。「見事に三回こなした！」とトリプルアクセルのように加点が入るときより、「普段オラオラなのに内容めっちゃしょぼかったから失格」みたいに男が大ゴケしたときの方がなぜか盛り上がるのです。そして会ったこともない男のことを言葉でフクロ叩きにします。

以前会話に参加した男子が「これならまだ金玉袋叩かれた方がマシ」とうまいこと言っていましたが本当にそうだと思います。興味本位で女子会に参加して以来、女性が怖くなったと言う話、結構聞きます。参加はお勧めしません。

女は基本、自分がそのときどういう状態だったかなど、己の話には一切触れず男子だけを遠慮なく批評します。女子同士のエロの報連相の素早さも半端じゃありません。若いときなんて特に、すごいよかったとしても悪かったとしても、それを友人に報告するまでがSEXみたいなところがあります。たまにとんでもない大物に出くわしたときはネッシーを見たテンションで早急に電話で知らせたりします。人に話すのも聞くのもとにかく楽しいんです。

男子もたまに「昨日ヤッた女が〜」と話すことはあっても、かなりざっくりな内容ですし、さらに大体が一晩だけの関係で奥さんや彼女のことではないような気がします。女子もそれは一緒です。結婚すると途端に話さなくなります。夫婦関係となるとなんとなく自分の話にもなってきて、都合が悪くなるんだと思います。男も勝手ですが、女もなかなか勝手な生き物です。

おわりに

「ちんこ謎かけの本を出したい」なんて言ったら、「ご冗談を」なんて笑われる覚悟で話していたのに、「じゃあ出せるように動いてみますね！」と言ってくれたマネージャーさん（女性）。

私のプロフィールを鞄に入れ、「よし、行ってくるか」と、営業に向かうためイスから腰をあげた瞬間、どんな表情だったのか。想像すると、そこには愛と理解とユーモアが溢れていて、胸にくるものがあります。

おそらく向かう道中では、

「先方がちんこ謎かけを知らない場合があるな……」

と、私の動画を開き、どれがクオリティが高いかを調べてスマホにメモをとってくれていたはずです。

「芸人とかけまして、ちんこと解きます……その心はどちらも噛むと怒られるでしょう……確かに噛んじゃだめだもんなあ……。あ、もう飯田橋か。」

なんて、ちんこだけに、えきを飛ばしてしまいそうになったり。

「彼女はですね、ちんことは言ってもちんぽとは言わない。なぜなら汁っけが出るからなんです」

と、いたる所で力説してくださったのかと考えると、手前味噌ではありますが、本当に何度感謝を申し上げても足りないくらいでございます。

こんな、まだ何も成し遂げていない私の下ネタ論を疑いもせず信じてくださるその姿。以前バイトしていた食品店で、全然仕事が出来ずみんなから疎ましがられていた私をなぜか「いい子」と可愛がってくれたタコス名人の山崎さんと重なるものがありました。

そしてついに竹書房さんがこの本に奇跡のGOを出してくださり、最高の運びとなりました。読んでくださってる方が思っている百倍、打ち合わせでは真面目に下ネタについてクロストークを繰り広げ完成しました。

タイトルの〝下ネタ論〟は、竹書房さんの方で付けてもらったものですが、もうすっかり愛着が湧いております。

ところでこれを書いてる最中、以前行かせてもらった収録のスタ

ッフさんから、

「ちんこと言っているところすべてカットになりました」とまたしてもそんなメールを頂いてしまいました。番組のイメージと合わずどうしても、とのことでしたが本当にそうなんでしょうか。胸が苦しいのです。下ネタをやっていればこんなこともある！　と片付ければ気は楽になりますが、おそらく爆発的にウケていれば少しは使われていたのだと思います。何を隠そう私は、その収録でスベったのです。焦って粗末な下ネタを乱射する悪い癖が出て空回りをしました。共演者の同情するような気まずい鼻息は今も耳にこびりついております。なので、戒めとしてはちょうどいいです。

カットの一番の原因は「面白くないから」なんだろうなと身体が張り裂ける寸前まで猛省しております。

コンプライアンス、コンプライアンス、もう勘弁してくれー！って言いつつ本当は対応出来ない自分にずっと苛立っていたのかもしれません。

「コンプライアンスを隠れ蓑にしない」

これ、色々厳しくなった令和を代表する究極の下ネタ論ではないでしょうか。

最後に

下ネタ論とかけまして
ちんこと解きます
その心はどちらも
つかんだら笑顔になるでしょう

紺野ぶるまからの挑戦！

アナタは何問解ける？ 下ネタなぞなぞ

答えは最後のページ

【問い1】
美容師は一日に何回
エッチするでしょう？
また美容師見習いは何回？

【問い2】
全身の毛を剃ってる人が
車に轢かれるとどうなる？

【問い3】
準優勝の人の下半身は
その晩どうなるでしょう？

【問い4】
めちゃくちゃ被ってる人が
持ってるしかくって
どんなしかく？

【問い5】
自分で抜いてるときに
あるものが届いて
萎えちゃいました。
何が届いた？

【問い6】
マンションの高層階に
住んでいる夫人は
どんなちんこが好き？

【問い7】
ガード下に行くと
男性の下半身は
どうなるでしょう？

【問い8】
映画監督が行為の際に
一番気がかりなことは？

【問い9】
刑事さんの下半身を
見た人の感想は？

【問い10】
節分の夜
女性が果てる前に
言った一言とは？

【問い11】
リモートが上手くいかない人の
夜の特徴は？

【問い12】
海外旅行が苦手な夫人は
どんな男性のを好む？

【問い13】
借金まみれの人のモノはどんな形をしている?

【問い14】
一回も優勝したことのない男が決めていることとは?

【問い15】
足し算が好きな女性の夜の趣味は?

【問い16】
「おくがあたって最高!」これな〜んだ?

【問い17】
なかなかチンポジが
定まらない人は
何駅に住んでるでしょう？

【問い18】
プレイ中に裏筋を
見られるのを嫌がる人の
職業は何？

【問い19】
男性が舐められるとすぐに
たっちゃうものな〜んだ？

【問い20】
アナだと早くいけるものって
な〜んだ？

答え

1 美容師は三回（散髪するから）見習いは千回（洗髪するから）

2 無傷（毛がない／怪我ない）

3 ギンギンになる（銀メダルをもらうから）

4 超包茎（長方形）

5 Gメール（自慰滅入る）

6 長め（眺め）がいいでしょう

7 硬化した（高架下）

8 どうーNするか（動員するか）

9 デカ！

10 吹くわ、ウチ（福は内）

11 精子が多い（静止画多い）

12 濃くないのがいい（国内のがいい）

13 カリが大きい（借りが大きい）

14 剝かん！（無冠）

15 咥えたい（加えたい）

16 宝くじ（億があたる）

17 市ヶ谷（位置が嫌）

18 雀士

19 腹（舐められた態度を取られると腹が立つ）

20 旅行（ANAで行く）

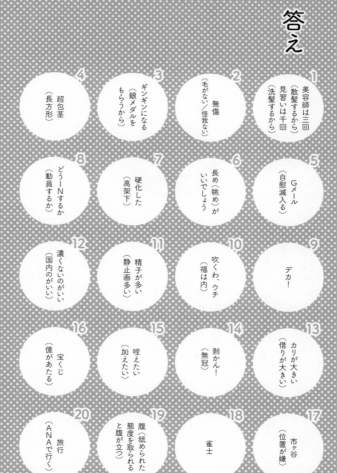

下ネタ論

2020年8月6日 初版第一刷発行

著者――紺野ぶるま

ブックデザイン――モリタミツル
撮影――児玉二郎
ヘアメイク――いさこ
協力――牛島理恵（松竹芸能株式会社）
編集人――吉野耕二
発行人――後藤明信
発行所――株式会社竹書房
〒102-0072 東京都千代田区飯田橋2-7-3
代表 03-3264-1576 編集部 03-3234-6239
http://www.takeshobo.co.jp/
印刷・製本――中央精版印刷株式会社
ISBN978-4-8019-2313-3 C0093

ありがとう
ございます

ありがとう
ございます